Obra Completa de C.G. Jung
Volume 10/4

Um mito moderno sobre coisas vistas no céu

Comissão responsável pela organização do lançamento da Obra Completa de C.G. Jung em português:
Dr. Léon Bonaventure
Dr. Leonardo Boff
Dora Mariana Ribeiro Ferreira da Silva
Dra. Jette Bonaventure

A comissão responsável pela tradução da Obra Completa de C.G. Jung sente-se honrada em expressar seu agradecimento à Fundação Pro Helvetia, de Zurique, pelo apoio recebido.

Dados Internacionais de Catalogação na Publicação (CIP)
(Câmara Brasileira do Livro, SP, Brasil)

Jung, Carl Gustav, 1875-1961.
    Um mito moderno sobre coisas vistas no céu / C.G. Jung; tradução de Eva Bornemann Abramowitz; revisão técnica Jette Bonaventure; revisão literária Orlando dos Reis. – 6. ed. – Petrópolis, RJ: Vozes, 2013.
    Título original: *Zivilisation im Übergang*.

15ª reimpressão, 2022.

Bibliografia.
ISBN 978-85-326-0681-5
    1. Objetos voadores não identificados – Aparições e encontros 2. Objetos voadores não identificados – História I. Título.

07-4100   CDD-001. 943

Índices para catálogo sistemático:
1. Discos voadores 001. 942

C.G. Jung

Um mito moderno sobre coisas vistas no céu

10/4

Petrópolis

© 1974, Walter-Verlag, AG, Olten

Tradução realizada a partir do original em alemão intitulado
Zivilisation im Übergang (Band 10)
Parte XV – *Ein moderner Mythus: von Dingen, die am Himmel gesehen werden*

Editores da edição suíça:
Marianne Niehus-Jung
Dra. Lena Hurwitz-Eisner
Dr. Med. Franz Riklin
Lilly Jung-Merker
Dra. Fil. Elisabeth Rüf

Direitos exclusivos de publicação em língua portuguesa:
1988, Editora Vozes Ltda.
Rua Frei Luís, 100
25689-900 Petrópolis, RJ
www.vozes.com.br
Brasil

Todos os direitos reservados. Nenhuma parte desta obra poderá ser reproduzida ou
transmitida por qualquer forma e/ou quaisquer meios (eletrônico ou mecânico,
incluindo fotocópia e gravação) ou arquivada em qualquer sistema ou
banco de dados sem permissão escrita da editora.

CONSELHO EDITORIAL

Diretor
Gilberto Gonçalves Garcia

Editores
Aline dos Santos Carneiro
Edrian Josué Pasini
Marilac Loraine Oleniki
Welder Lancieri Marchini

Conselheiros
Francisco Morás
Ludovico Garmus
Teobaldo Heidemann
Volney J. Berkenbrock

Secretário executivo
Leonardo A.R.T. dos Santos

Tradução: Eva Bornemann Abramowitz
Revisão técnica: Dra. Jette Bonaventure
Revisão literária: Orlando dos Reis

Diagramação: AG.SR Desenv. Gráfico
Capa: 2 estúdio gráfico

ISBN 978-85-326-2424-6 (Obra Completa de C.G. Jung)

ISBN 978-85-326-0681-5 (Brasil)
ISBN 3-530-40710-0 (Suíça)

Este livro foi composto e impresso pela Editora Vozes Ltda.

Sumário

Prefácio dos editores, 7

Prefácio deste volume, 11

Prefácio à 1ª edição inglesa, 15

    1. O Ovni como boato, 17

    2. O Ovni no sonho, 34

    3. O Ovni na pintura, 93

    4. A história do fenômeno dos Ovnis, 112

    5. Resumo, 118

    6. O fenômeno dos Ovnis sob o aspecto não psicológico, 125

    7. Epílogo, 130

Apêndice, 147

Referências, 149

Índice onomástico, 153

Índice analítico, 155

Prefácio dos editores

Em 1918, C.G. Jung publicou um artigo intitulado "Über das Unbewusste" (Sobre o inconsciente), que dá o tom fundamental desse volume. Nele expõe a teoria convincente de que o conflito na Europa, naquela época, considerado apenas do ponto de vista materialista, era, no fundo, uma crise psicológica que tinha sua origem no inconsciente coletivo dos indivíduos, influenciado grupos e nações. A seguir, escreveu uma série de ensaios sobre a conjuntura da época e principalmente sobre a relação do indivíduo com a sociedade.

Os oito primeiros ensaios deste volume surgiram nos anos entre as duas guerras mundiais e desenvolvem os temas abordados no ensaio de abertura; tratam da descoberta dos pressupostos inconscientes e da importância do autoconhecimento que torna o indivíduo capaz de afirmar-se diante das pressões sociais. Também são tratadas questões específicas da relação entre os sexos e de fatores étnicos sobre o desenvolvimento de teorias psicológicas. Seguem quatro títulos que foram reunidos, há tempo, na brochura *Ensaios sobre história contemporânea* (1946). Neles Jung mostra que os sonhos e fantasias de pacientes individuais podem refletir, tanto quanto as revoluções sociais e políticas, que ele qualifica de epidemias psíquicas, as tendências na vida inconsciente das nações. Num ensaio, publicado pela primeira vez em 1936, Wotan é apresentado como figura arquetípica que simboliza as forças instintivas inconscientes, atuantes na Alemanha e que encontraram sua expressão no movimento nacional-socialista.

Os psicodinamismos que Jung derivou do comportamento de indivíduos e de grupos – mais facilmente observáveis na Alemanha – puderam ser constatados em âmbito bem maior, conforme expõe em dois escritos sumamente importantes e publicados no últimos anos de sua vida. *Presente e futuro* (1957) retoma o relacionamento do individuo com a sociedade maior e no livro *Um mito moderno sobre coisas vistas no céu* (1958) Jung estuda o surgimento de um mito que considera uma compensação da tendência cientificista de nossa era tecnológica. Uma vez que considera a crise na civilização como sendo moral, suas concepções de bem e mal e da função psicológica da consciência (capítulos XVI e XVII) são absolutamente necessárias e importantes ao tema.

As recensões e curtos artigos (XIX-XXIV) contêm as reações espontâneas e pessoais de Jung aos pronunciamentos de seu contemporâneo Conde Hermann Keyserling sobre problemas de nacionalidade e suas impressões ao visitar os Estados Unidos e a Índia. Finalmente em "Diversos" (XXV) há documentos dos anos em que Jung era presidente da Sociedade Médica Internacional de Psicoterapia e editor de seu órgão *Zentralblatt für Psychotherapie*. Sua natureza dinâmica e os sentimentos de dever para com a sociedade e seus colegas levaram-no a aceitar este encargo como plataforma privilegiada donde pudesse combater, com todas as suas forças e condições, a ameaça que representava para a psicoterapia na Alemanha a dominação nazista. Devido a seu modo de proceder foi alvo, injustamente, do fogo cruzado de uma crítica tendenciosa e mal informada. Neste volume, apresentam-se pela primeira vez os objetivos que perseguia incansavelmente e os documentos correspondentes.

Agradecemos a Magda Kerényi pela elaboração do índice analítico e onomástico desse tão abrangente e diversificado volume, e por todo o esforço e cuidado nele investidos.

Dezembro de 1973

Os editores

P.S.

Como não existem os manuscritos originais – talvez se tenham perdido ou foram escritos em inglês por C.G. Jung – uma série de ensaios (XII, XXII, XXIII, XXIV e a saudação ao Décimo Congresso Médico em Oxford) teve que ser vertida para o alemão. O ditado diz que o "tradutor é um traidor". Realmente, em certas passagens foi difícil interpretar o texto. Isto é ainda mais delicado em nosso caso, porque a problemática que o autor diagnosticou e interpretou psico-terapicamente desde a Primeira Guerra Mundial não foi superada nas décadas seguintes e muito menos nos anos mais recentes; alastrou-se extraordinariamente e tornou-se mais aguda. Que leitor estaria hoje em condições de tomar uma posição neutra e imparcial diante de palavras como "negro, judeu, primitivo" ou de conceitos como "raça, cor, coletividade, Estado, sociedade", isto é, sem permitir que intervenham suas emoções? A psicologia sabe muito bem que essas reações incontroláveis e hiperalérgicas são sintomas daquilo que C.G. Jung, no início de sua carreira psiquiátrica e no contexto de seus estudos sobre associações de palavras, chamou de "complexos de cunho sentimental". Sabe-se que os complexos são, em primeiro lugar, centros de energia psíquica altamente concentrada. Oriundos do inconsciente, levam o indivíduo e a sociedade "aquelas neuroses e psicoses de que sofremos tanto hoje quanto na época em que surgiu o artigo que consta deste volume.

Como que "dançando sobre ovos em torno de melindres de alta tensão" e tentando uma reconstituição claudicante de passagens ambivalentes do texto "original" inglês, por meio de transcrições atenuadas ou até mesmo aguadas na versão alemã, pode parecer que nada se conseguiu, mas teríamos perdido uma chance de nos tornarmos mais conscientes pessoalmente e mais corresponsáveis como contemporâneos. Quem *quiser* entender ou interpretar erroneamente Jung em sua mentalidade, temperamento e em sua função como médico da psique não será impedido de fazê-lo por causa da "precaução" dos editores. Mas recomendamos ao leitor sem preconceitos, interessado numa compreensão mais profunda das correntes básicas de nossa época, de suas fontes e direções, como leitura complementar aos textos sobre a questão alemã e dos judeus, as cartas do autor dos anos correspondentes (volumes I a III, abrangendo os anos de 1906 até 1961, publicados pela Wlater-Verlag, Olten 1972-1973).

Prefácio deste volume[*]

É difícil avaliar corretamente o alcance dos acontecimentos contemporâneos, e é grande o perigo de que o julgamento se prenda à subjetividade. Por isso, estou ciente do risco que corro, ao empreender a tarefa de expressar minha opinião sobre certos acontecimentos contemporâneos – que julgo serem de grande importância – àqueles que tenham a paciência de me ouvir. Trata-se daquela notícia que chega até nós de todos os cantos da Terra; daquele boato sobre corpos redondos que percorrem a nossa troposfera e estratosfera e são chamados "*Saucers,* pratos, *soucoupes*, discos, *Ufos* (unidentified flying objects) e Ovnis (objetos voadores não identificados)". Como já disse, este boato ou a existência física destes corpos parece-me tão importante que, novamente, sinto-me na obrigação de dar um grito de alerta, como já o fiz anteriormente[1], naquela época em que começavam a se desenrolar os acontecimentos que iriam atingir em cheio a Europa. Sei muito bem que, como então, a minha voz é muito fraca para ser ouvida por muitos. Não é a presunção que me impele, mas sim a minha consciência médica que me aconselha a cumprir com o meu dever de preparar aqueles poucos que podem me ouvir para os acontecimentos que estão reservados à humanidade, e que significam o fim de um *éon* (era). Como já sabemos, através da história do antigo Egito, são fenômenos psíquicos de transformação que acontecem

589

---

* Publicado pela primeira vez, em forma de brochura, pela editora Rascher, Zurique 1958 e "dedicado ao arquiteto Walter Niehus, em agradecimento por ter-me motivado a escrever este pequeno livro". Brochura, 1964. Para a primeira edição anglo-americana (Londres/Nova York, 1959), o autor escreveu um breve complemento (§ 821 a 824) que foi traduzido do inglês.

1. Cf. "Wotan" [OC, 10/2; capítulo X].

sempre no final de um mês platônico e no início do mês subsequente. Ao que parece, são modificações na constelação das dominantes psíquicas, dos arquétipos, dos "deuses", que causam ou acompanham transformações seculares da psique coletiva. Esta transformação tem aumentado dentro da tradição histórica e deixado as suas marcas. Primeiro, na transição da era de Touro para a de Áries (Carneiro). Logo depois da era de Áries para a de Pisces (Peixes), cujo início coincide com o surgimento da era cristã. Agora, estamos nos aproximando da grande mudança que pode ser esperada com a entrada do equinócio da primavera, em Aquarius (Aquário).

590   Seria leviano da minha parte, se eu quisesse esconder do leitor que pensamentos deste tipo não somente são extremamente impopulares, como também se aproximam perigosamente daquelas fantasias confusas que assolam os cérebros de adivinhos e reformadores do mundo. Preciso correr o risco, pondo em jogo a minha fama de ser honesto, confiável e capaz de julgamento científico, que com tanto esforço conquistei. Posso garantir aos meus leitores que não me sinto à vontade para essa tarefa. Para ser sincero, estou preocupado com a sorte daqueles que são surpreendidos por esses acontecimentos sem estarem preparados para tal, ficando à mercê daquilo que não podem compreender. Já que, até onde vão meus conhecimentos colhidos de várias fontes, ninguém se viu sensibilizado a examinar e dar ênfase aos possíveis efeitos psíquicos dessa previsível mudança astrológica, sinto-me na obrigação de fazer, neste caso, o possível – dentro dos limites das minhas forças. Assumo esta tarefa ingrata com a esperança de que o meu cinzel se desvie da dura pedra que ele atingirá.

591   Há algum tempo, escrevi um pequeno artigo para o jornal *Weltwoche* expressando meus pensamentos sobre a natureza dos "discos voadores"[2]. Cheguei à mesma conclusão expressa no relatório extra-oficial que pouco depois foi publicado, de autoria de Edward J. Ruppelt, ex-chefe do Bureau americano encarregado da observação de Ovnis[3]. A conclusão é: vê-se alguma coisa, mas não se sabe o quê. É até difícil, quase impossível, fazer-se uma ideia clara destes objetos,

---

2. *Weltwoche*, XXII, n. 1078, 9 de julho de 1954, p. 7. Zurique.

3. *The Report on Unidentified Flying Objects.*

Um mito moderno sobre coisas vistas no céu   13

pois eles não se comportam como corpos, mas são etéreos como pensamentos. Até agora não existiam provas que não deixassem dúvidas sobre a existência física dos Ovnis, exceto aqueles casos com eco de radar. Sobre a confiabilidade de observações deste tipo, tenho conversado com o professor Max Knoll, um especialista neste campo e professor de eletrônica da Universidade de Princeton e da Faculdade Técnica de Munique. As suas revelações não são muito encorajadoras, se bem que pareçam existir casos autênticos em que observações visuais foram confirmadas pelo radar. Chamo a atenção do leitor para os livros do Major Donald Keyhoe, que em parte se baseiam em relatórios oficiais e nos quais se evitam especulações sem fundamento, falta de crítica e preconceitos, típicos de outras publicações[4].

A realidade física dos Ovnis permaneceu por mais de uma década como um assunto muito problemático que não pôde ser definido em sentido algum com a desejável clareza, embora nesse ínterim se tenha acumulado um vasto arsenal de experiências. Quanto mais tempo perdurava a insegurança, mais crescia a probabilidade de que o fenômeno, evidentemente complicado, tivesse, além de um possível fundamento físico, um importante componente psíquico. Isto não é de admirar porquanto se trata de um fenômeno aparentemente físico que, por um lado, se destaca pela frequência com que acontece, e, por outro, pela estranheza, desconhecimento e até mesmo contradição da sua natureza física.   592

Um objeto deste tipo desafia, como nenhum outro, a fantasia consciente e inconsciente. Uma produz suposições especulativas e histórias inventadas, e a outra fornece o fundo mitológico que faz parte destas observações excitantes. Daí resultou uma situação, na qual muitas vezes não se podia saber ou reconhecer, nem com a maior boa vontade, se uma percepção primária vem seguida de um fantasma, ou, ao contrário, se uma fantasia primária que está se desenvolvendo no inconsciente assalta o consciente com ilusões e visões. O material, que até hoje, ao longo de dez anos, chegou a meu conhecimento, apoia   593

---

4. KEYHOE, D.E. *Flying Saucers from Outer Space*. Nova York: Henry Holt and Co., 1953; e *The Flying Saucers Conspiracy*. Londres: Hutchinson, 1957. Cf. Tb. MICHEL, A. *The Truth about Flying Soucers*. Londres: [s.e.], 1957. Original: *Lueurs sur les soucoupes volantes*. Paris: Mame, 1954.

ambas as formas de consideração: num caso, um acontecimento objetivamente real, isto é, físico, dá motivo à criação de um mito que o acompanha; no outro, um arquétipo originou a respectiva visão. A estas interações causais acresce uma terceira possibilidade: a de uma coincidência sincronística, ou seja, acausal e significativa; problema que tem preocupado constantemente os espíritos, desde Geulincx, Leibniz e Schopenhauer[5]. Esta forma de observação se impõe especialmente quando se trata de fenômenos relacionados com processos psíquicos arquetípicos.

594 Como psicólogo, não disponho de recursos que contribuam para a solução do problema sobre a realidade física dos Ovnis. Por isso, posso incumbir-me somente do aspecto psíquico, que sem dúvida existe, dedicando-me a seguir quase que exclusivamente os fenômenos psíquicos concomitantes.

---

5. Cf. Sincronicidade: um princípio de conexões acausais. 16 ed. In: JUNG, C.G. *A dinâmica do inconsciente.* Petrópolis: Vozes, 2011 [OC, 8; § 816s.].

Prefácio à 1ª edição inglesa[*]

O boato mundial sobre os "discos voadores" coloca um problema que desafia o psicólogo por uma série de motivos. A primeira pergunta – e esta é obviamente a questão mais importante – é a seguinte: eles são reais ou simples produtos da fantasia? Esta questão não foi resolvida ainda, de forma alguma. Se são reais, o que são, então? Se são fantasias, por que deveria existir, então, um boato desses? Neste contexto, fiz uma descoberta muito interessante e muito inesperada. Em 1954, escrevi um artigo no jornal semanal suíço *Die Weltwoche*, em que me expressei de forma cética, apesar de mencionar, com o devido respeito, a opinião de um número bastante grande de especialistas da Aeronáutica, que acreditam na realidade de Ovnis (objetos voadores não identificados). Em 1958, esta entrevista foi descoberta, de repente, pela imprensa mundial, e a "novidade" espalhou-se com a rapidez de um raio, desde o Extremo Ocidente até o Extremo Oriente, mas – lamentavelmente – de forma deturpada. Fui citado como alguém que acredita em Ovnis. Entreguei à United Press uma retificação, com a versão autêntica da minha opinião, mas, desta vez, a notícia ficou engavetada: ninguém, quanto eu saiba, tomou conhecimento disso, com exceção de um único jornal alemão.

A moral desta história é bastante interessante. Já que o comportamento da imprensa é uma espécie de teste de Gallup, em relação à opinião mundial, temos que concluir que notícias que afirmam a existência de Ovnis são bem-vindas, enquanto que o ceticismo parece ser indesejado. A opinião pública concorda que se acredite que os

---

[*] [Tanto este prefácio quanto o apêndice anterior foram redigidos por C. G. Jung, especialmente para a edição anglo-americana. Aqui, eles aparecem pela primeira vez, em língua alemã, traduzidos do inglês].

Ovnis sejam reais, enquanto a descrença deve ser desencorajada. Isto deixa a impressão de que, no mundo inteiro, há uma tendência em se acreditar nos Ovnis, como também o desejo de que eles sejam reais, as duas coisas apoiadas por uma imprensa que, de resto, não demonstra nenhuma simpatia pelo fenômeno. Apenas este fato curioso já merece, em si, o interesse do psicólogo. Por que deveria ser mais desejável que existam discos voadores do que o contrário? As páginas que se seguem são uma tentativa de responder a esta pergunta. Livrei o texto de notas complicadas de rodapé, com exceção de algumas poucas, que dão ao leitor interessado as indicações necessárias.

Setembro de 1958

C.G. Jung

1. O Ovni como boato

Levando em consideração que sobre os Ovnis se relatam coisas não somente inverídicas, como também contrárias aos princípios básicos da física, uma reação negativa, ou seja, a recusa crítica, seria uma atitude natural. Certamente se trata de ilusões, fantasias e mentiras! Pessoas que relatam essas coisas (a saber: pilotos e pessoal de apoio em terra) não devem estar bem da cabeça! Além do mais, estas histórias provêm dos Estados Unidos, país das possibilidades ilimitadas e da "ficção científica".

De acordo com esta reação natural, vamos por enquanto encarar os relatórios sobre Ovnis como meros boatos, e na medida do possível tirar deste quadro psíquico todas as conclusões que nosso método analítico garante.

Por enquanto, vamos deixar que o nosso ceticismo considere estes relatos sobre Ovnis como uma história que foi contada muitas vezes pelo mundo afora, mas que de fato se diferencia das opiniões comuns criadas por boatos, por se expressar até por meio de visões[1], por ser produzida e sustentada pelas mesmas. Chamo esta espécie de história, relativamente rara, de *boato visionário*. Este se parece muito com as visões coletivas, como por exemplo a dos cruzados no cerco de Jerusalém, a dos lutadores de Mons na Primeira Guerra Mundial, a das multidões de fiéis que acorrem a Fátima, a das tropas de fronteira da Suíça na Segunda Guerra Mundial etc. Além das visões coletivas, existem casos nos quais uma ou mais pessoas veem alguma coisa que fisicamente não existe. Assim, uma vez eu presenciei uma sessão espírita, na qual quatro das cinco pessoas presentes viam um corpo parecido com uma pequena lua flutuando na altura do abdômen do médium, e mostravam-me (a mim que era a quinta pessoa e nada conseguia ver) o lugar exato onde podia ser visto aquele corpo. Para eles, era simplesmente inconcebível que eu não pudesse ver algo seme-

---

1. Prefiro o termo "visão" a "alucinação", porque este último está muito marcado como um conceito patológico, enquanto que "visão" significa um fenômeno que, de forma alguma, se manifesta apenas nos estados mórbidos.

lhante. Conheço mais outros três casos nos quais certos acontecimentos foram percebidos com todos os detalhes (dois casos, com duas pessoas; e um caso, com uma) e depois puderam ser provados como não existentes. Dois desses casos aconteceram sob a minha vista. O provérbio alemão "Pela boca de duas testemunhas, revela-se toda verdade", pode ser estatisticamente válido, mas, em certos casos, pode também não ser verdadeiro. Pode acontecer que em plena consciência, e em poder de todos os sentidos, sejam percebidas coisas que não existem. Eu não tenho explicação para estes acontecimentos. Talvez isto ocorra até com maior frequência do que estou disposto a admitir, já que, geralmente, a gente não verifica as coisas que "viu com os próprios olhos", e portanto jamais chega a saber que estas coisas não existiram. Menciono estas possibilidades algo distantes, porque num assunto tão fora do comum, como é o caso dos Ovnis, todos os aspectos possíveis devem ser levados em consideração.

598   A condição prévia para o aparecimento de um boato visionário, ao contrário do boato comum, é sempre uma emoção incomum, para cuja propagação e desenvolvimento bastam a curiosidade popular e o sensacionalismo, presentes em todo lugar. Mas a intensificação para tornar-se visão e alucinação nasce de uma excitação mais forte e, por isso, de uma fonte mais profunda.

599   Os primeiros sinais de histórias sobre Ovnis resultaram das observações de projéteis misteriosos nos céus da Suécia, feitas nos últimos anos da Segunda Guerra Mundial, cuja invenção era atribuída aos russos; e também dos relatórios sobre "Foo fighters", isto é, luzes que acompanhavam os bombardeiros dos aliados sobre a Alemanha (foo = fogo). Depois, seguiram-se as estranhas observações de "discos voadores" nos Estados Unidos. A impossibilidade de achar uma base terrestre para os Ovnis e de explicar as suas particularidades físicas levou logo à suposição de possuírem uma origem extraterrestre. Com esta variação, o boato associou-se à psicologia do grande pânico de Nova Jérsei, antes do início da Segunda Guerra Mundial, quando uma radionovela[2], baseada num conto de H.G. Wells, e que tinha como tema a invasão de Nova Iorque pelos habitantes de Marte, pro-

---

2. *The War* of *the Worlds,* elaborado para o rádio por Orson Welles (1938).

Um mito moderno sobre coisas vistas no céu   19

vocou um verdadeiro corre-corre, com numerosos acidentes de trânsito. A radionovela certamente tinha ido de encontro à emoção latente relacionada com a guerra que estava prestes a estourar.

O boato encarregou-se do tema da invasão extraterrestre e os   600
Ovnis foram interpretados como máquinas dirigidas por seres inteligentes do espaço. O comportamento destes aviões aparentemente libertos de forças gravitacionais e seus movimentos inteligentes, com finalidade determinada, foram atribuídos ao conhecimento e poderio tecnológico superior dos intrusos cósmicos. Já que estes visitantes não causaram dano algum e se abstiveram de qualquer ato de hostilidade, supunha-se que o seu aparecimento no espaço aéreo da Terra resultava da curiosidade de observar-nos. Era também como se os campos de voo e as instalações nucleares tivessem um atrativo especial para eles; assim, chegou-se à conclusão de que o perigoso desenvolvimento da física nuclear, ou seja, a fissão nuclear, tenha causado certa preocupação nos planetas vizinhos e os tenha levado a uma verificação aérea mais detalhada a respeito da Terra. Dessa forma, as pessoas sentiam-se sob observação e espionagem cósmica.

O boato alcançou de tal forma reconhecimento oficial que, até   601
os militares, nos Estados Unidos, criaram um departamento especial para compilação, análise e interpretação de observações do gênero. Isto também parece ter ocorrido na França, Itália, Suécia, Inglaterra e outros países. Em consequência do relatório publicado por Ruppelt, parecia-me que há aproximadamente um ano as notícias sobre "discos" estavam mais ou menos desaparecendo da imprensa. Aparentemente, não eram mais "novidades". Mas o interesse pelos Ovnis e provavelmente a observação dos mesmos não se apagou. É o que demonstra uma notícia recentemente publicada pela imprensa, em que um Almirante dos Estados Unidos propôs que se fundassem clubes por todo país, onde relatórios sobre Ovnis deveriam ser coletados e analisados nos mínimos detalhes.

O boato informa que os Ovnis geralmente são lenticulares, oblon-   602
gos ou em forma de charuto; que têm uma iluminação em cores variadas[3] ou um brilho metálico; que seus movimentos têm um alcance des-

---

3. As esferas de luz *verdes*, frequentemente observadas no sudoeste dos Estados Unidos, merecem um destaque especial.

de a parada total até a velocidade de 15.000 quilômetros por hora e que, em certos casos, a sua aceleração seria fatal, caso um ser, semelhante ao ser humano, o estivesse dirigindo. Sua trajetória descreve ângulos que só seriam possíveis a um objeto isento de força gravitacional.

603   Esta trajetória seria, então, comparável com aquela descrita por um inseto voador. Como este, o Ovni também pára repentinamente em cima de um objeto interessante, por um espaço de tempo mais curto ou mais longo, ou o circunda como que curiosamente, para, de repente, sair em disparada e descobrir num voo de ziguezague novos objetos. Por isso, os Ovnis não podem ser confundidos com meteoritos, nem com espelhamentos em camadas de ar com inversão térmica. Seu suposto interesse por campos de voo e instalações industriais ligadas à fissão nuclear nem sempre se confirma, já que foram vistos também na Antártida, no Saara e no Himalaia. Ao que parece, eles têm uma preferência especial para sobrevoar os Estados Unidos, mas novos relatórios mostram que visitam o Velho Mundo e o Extremo Oriente com bastante frequência. Não se sabe bem o que eles procuram ou querem observar. Os nossos aviões parecem despertar a sua curiosidade, pois várias vezes eles voaram ao seu encontro ou os perseguiram. Mas também voaram à frente deles. Não se poderia afirmar que seus voos estejam baseados num sistema reconhecível. Eles se comportam mais como grupos de turistas que observam o lugar sem sistemática alguma, e ficam aqui ou acolá, seguindo logo, errantes, um ou outro objeto de seu interesse, e que por motivos desconhecidos flutuam em grandes alturas ou realizam evoluções acrobáticas diante de pilotos irritados. Às vezes, aparecem grandes, com tamanhos de até 500 metros de diâmetro; outras, pequenos como luminárias elétricas de rua. Existem grandes naves-mães, das quais saem pequenos Ovnis, ou nas quais eles buscam proteção. São tidos como tripulados ou não; neste caso, são dirigidos por controle remoto. O boato diz que os tripulantes são ou de um tamanho aproximado de um metro de altura e parecidos com o ser humano; ou, ao contrário, totalmente diferentes dele. Outros relatórios falam de gigantes, de aproximadamente quinze metros de altura. São seres que ou querem orientar-se na Terra com todo cuidado, e que, respeitosamente, evitam qualquer contato com os seres humanos; ou, que andam espionando de forma ameaçadora, à procura de campos de pouso, para povoar a Terra à força, com uma população planetária que se encon-

Um mito moderno sobre coisas vistas no céu 21

tra em apuros. A insegurança em relação às condições físicas existentes na Terra e o medo das possibilidades desconhecidas de contaminação teriam evitado, até o momento, encontros drásticos ou mesmo tentativas de aterrissagem, apesar desses seres possuírem armas terríveis que lhes permitiriam exterminar a humanidade. Além da sua evidente superioridade tecnológica, é-lhes atribuída uma sabedoria superior e uma benevolência moral que os capacitaria a realizar atos de salvação da humanidade. Naturalmente, circulam também histórias sobre aterrissagens, onde os pequenos seres não só foram vistos de perto como também tentaram o sequestro de um homem. Um homem confiável como Keyhoe dá a entender que nos arredores das Bahamas uma esquadrilha de cinco aviões militares, junto com um grande hidroavião da Marinha, teriam sido engolidos e transportados por uma espaçonave-mãe.

É de arrepiar os cabelos quando se examinam relatórios deste tipo e suas respectivas fontes de documentação. E se, além do mais, for considerada a possibilidade de se localizar os Ovnis por meio de radar, então obteremos uma "história de ficção científica", que nada deixa a desejar. É claro, qualquer pessoa de bom-senso sente-se numa posição extremamente incômoda. Por este motivo, não quero entrar aqui nas diferentes tentativas de explicação que fazem parte do boato. 604

Enquanto me encontrava ocupado com a redação deste ensaio, quis o acaso que em dois importantes jornais americanos fossem publicados, quase que ao mesmo tempo, artigos que ilustram de forma explícita a situação atual do problema. Um deles era um relatório sobre a mais recente observação de um Ovni, por um piloto que dirigia um avião com 44 passageiros, com destino a Porto Rico. Quando se encontrava sobrevoando o oceano, ele viu "um objeto redondo incandescente, que brilhava numa luz branco-esverdeada", que se aproximava deles em alta velocidade, pela direita. Primeiro, ele pensou tratar-se de um avião a jato, mas logo percebeu que era um objeto incomum e desconhecido. Para evitar a colisão, lançou o avião para cima tão bruscamente, que os passageiros caíram dos seus assentos, rolando uns sobre os outros. Quatro deles sofreram ferimentos que requeriam atendimento hospitalar. Outros sete aviões que se encontravam na mesma rota, numa extensão de aproximadamente 500 quilômetros, observaram o mesmo objeto. 605

606   O outro artigo, sob o título *No Flying Saucers, U.S. Expert says*, refere-se ao depoimento categórico do Dr. Hugh L. Dryden, diretor do Comitê Nacional de Supervisão da Aeronáutica, de que não existem Ovnis. Não se pode deixar de dar o devido reconhecimento ao constante ceticismo de Dryden, já que, face à monstruosidade do boato, este confere inabalável expressão ao sentimento de *crimen laesae majestatis humanae* (crime de lesa-majestade).

607   Se fecharmos um pouco os olhos para passar por cima de alguns detalhes, podemos aderir ao julgamento racional da maioria, que é advogado por Dryden, e entender os milhares de relatórios sobre Ovnis, com todos os seus pormenores, como um boato visionário, e tratá-los da mesma forma. O resultado objetivo disto seria uma coletânea impressionante de observações e conclusões errôneas, nas quais se projetam condições psíquicas subjetivas.

608   Mas, tratando-se de *projeção* psicológica, deve haver uma *causa psíquica*, já que, certamente, não se pode admitir que uma afirmação de procedência mundial, como é a saga dos Ovnis, seja apenas um acaso insignificante. Pelo contrário, os milhares de testemunhos individuais devem ter muito mais, devem ter uma base causal de extensão equivalente. Quando uma afirmação desta espécie é confirmada, como se diz, em todo lugar, então deve-se admitir que em todo lugar também haja um motivo respectivo para tal. Os boatos visionários podem, por certo, ser causados ou acompanhados por todas as possíveis circunstâncias externas, mas a sua existência baseia-se essencialmente num fundamento emocional presente em todo lugar; neste caso, então, fundamenta-se numa situação psicológica geral. O fundamento para este tipo de boato é uma *tensão emocional* que tem sua origem numa situação de calamidade coletiva, ou seja, de perigo; ou numa necessidade psíquica vital. Esta condição está dada, hoje em dia, pela pressão da política russa e suas consequências ainda incalculáveis que assolam o mundo inteiro. Tais tipos de sintomas como convicções anormais, visões, ilusões etc, aparecem também no indivíduo somente quando este está psiquicamente dissociado, isto é, quando aconteceu uma divisão entre a atitude da consciência e os respectivos conteúdos opostos do inconsciente. Ignorando a consciência a existência destes conteúdos, vê-se diante de uma situação aparentemente sem saída. Os conteúdos estranhos não podem ser in-

Um mito moderno sobre coisas vistas no céu

tegrados de forma direta e consciente, mas procuram expressar-se indiretamente, produzindo opiniões, convicções, ilusões e visões inesperadas e, por enquanto, inexplicáveis. Acontecimentos extraordinários da natureza como meteoros, cometas, chuva de sangue, um bezerro com duas cabeças, e outras criaturas disformes, são interpretados no sentido de anunciarem acontecimentos ameaçadores, ou são vistos como "sinais no céu". Finalmente, coisas que fisicamente não são reais podem ser vistas por muitas pessoas, independentes umas das outras, ou até ao mesmo tempo. Também os processos de associação de muitas pessoas têm os seus paralelismos de tempo e espaço, de forma que, por exemplo, várias cabeças, uma independente da outra, produzem ao mesmo tempo as mesmas novas ideias, como demonstra nitidamente a história, no campo intelectual.

A estes podem ser acrescentados os casos onde a mesma causa coletiva produz os referidos, ou pelo menos, parecidos efeitos psíquicos, isto é, as mesmas interpretações ou quadros visionários, justamente naquelas pessoas que menos preparadas estão para encarar tais fenômenos, ou menos dispostas a acreditar neles[4]. Este é, então, por sua vez, o mesmo fator que proporciona uma especial credibilidade aos relatórios de testemunhas oculares: costuma-se salientar que esta ou aquela testemunha é livre de qualquer suspeita por nunca ter-se destacado pela sua viva fantasia ou credulidade, mas pelo contrário, por sempre ter-se distinguido pelo seu juízo e raciocínio crítico. Justamente nestes casos, o inconsciente tem que tomar medidas particularmente drásticas para que os seus conteúdos se tornem perceptíveis. Isto acontece de forma mais impressionante através da projeção, isto é, da transferência para um objeto, no qual, então, aparece aquilo que, anteriormente, era o segredo do inconsciente. O processo da projeção pode ser observado em todo lugar: nas doenças mentais, nas ideias de perseguição e nas alucinações dos assim chamados normais, que reparam no cisco no olho do irmão, mas não enxergam a trave no próprio olho; e finalmente, em medida mais elevada, na propaganda política.

609

---

4. Aimê Michel observa que, ao que parece, os Ovnis são vistos geralmente por aqueles que não acreditam neles, ou não se importam com o problema.

24 Obra Completa — Vol. 10/4

610   As projeções têm um alcance que varia de acordo com sua procedência: se apenas pessoais e íntimas, ou mais profundamente coletivas.
Repressões e outros fatores inconscientes de caráter pessoal reve-
lam-se no nosso meio mais próximo, no âmbito da nossa família e dos
amigos. Os conteúdos coletivos, como por exemplo conflitos religiosos, filosóficos e político-sociais, selecionam os respectivos portadores
de projeções, como os maçons, jesuítas, judeus, capitalistas, bolchevis-
tas, imperialistas etc. Na atual situação de ameaça no mundo, em que
se começa a perceber que tudo pode estar em jogo, a fantasia produto-
ra de projeções amplia seu espaço para além do âmbito das organizações e potências terrestres, para o céu, isto é, para o espaço cósmico
dos astros, onde outrora os senhores do destino, os deuses, tinham sua
sede nos planetas. Nosso mundo terrestre está dividido em duas partes
e não se pode ver de onde poderiam vir decisões e ajuda. Até mesmo
pessoas que ainda há trinta anos jamais teriam pensado que um problema religioso poderia vir a se tornar um assunto sério, a atingi-los pessoalmente, começam a levantar questões básicas. Nestas circunstâncias, não seria nenhum milagre que aquelas partes da população que
nada questionam fossem assoladas por "aparições", ou seja, por um
mito propagado por toda parte, em que muitos seriamente acreditam e
que outros rejeitam como ridículo. Testemunhas oculares de notória
honestidade e livres de qualquer suspeita anunciam os "sinais no céu"
que viram "com os próprios olhos", e afirmam ter vivenciado fatos mi-
lagrosos que estão além da compreensão humana.

611   Naturalmente, manifesta-se perante tais relatórios uma necessidade imperiosa de se obter uma explicação. Tentativas iniciais de interpretar os Ovnis como invenções russas ou americanas fracassaram
logo devido ao seu comportamento aparentemente livre de forças
gravitacionais desconhecido aos habitantes da Terra. A fantasia, que
obviamente já está brincando com voos espaciais para a Lua, não se
detém e supõe que seres inteligentes de espécie superior tenham
aprendido a eliminar as forças gravitacionais e a usar campos magné-
ticos interestelares como fontes de energia, para atingirem velocidades cósmicas. As recentes explosões atômicas na Terra – assim se presume – teriam chamado a atenção destes habitantes de Marte ou Vênus, mais avançados, e despertado a sua preocupação a repeito das
possíveis reações em cadeia e a consequente destruição da Terra. Já

que uma possibilidade destas representaria também uma ameaça catastrófica para os nossos planetas vizinhos, seus habitantes se veriam na necessidade de observar cuidadosamente o desenrolar dos acontecimentos na Terra, cientes do imenso perigo que os nossos acanhados testes nucleares poderiam provocar. O fato de que os Ovnis nunca aterrissaram na Terra e nunca mostraram a mínima vontade de entrar de alguma forma em contato com os seres humanos é explicado alegando-se que estes seres, apesar do seu intelecto mais perfeito, não se sentem, de forma alguma, seguros de serem recebidos com benevolência na Terra, motivo pelo qual evitam cuidadosamente qualquer contato inteligente com o ser humano. Já que, como seres superiores, eles se comportaram de forma inofensiva, então não prejudicariam a Terra e se conformariam com a inspeção objetiva de aeroportos e usinas nucleares. É impossível explicar por que estes seres superiores, que se interessam tanto pelos destinos da Terra, não conseguiram estabelecer um contato conosco em dez anos, apesar de seus conhecimentos linguísticos. Por isso, também se fazem outras suposições, como por exemplo que um planeta tenha entrado em dificuldades, talvez por ressecamento, ou falta de oxigênio, ou superpopulação, e por isso esteja procurando um "pedacinho de chão". As patrulhas de reconhecimento estariam desempenhando os seus papéis com o máximo dos cuidados e precauções, apesar de estarem fazendo suas apresentações nos nossos céus há séculos, ou até mesmo milênios. Estariam aparecendo desde a Segunda Guerra Mundial, em massa, por terem certamente planejado uma aterrissagem em breve. Seu caráter inofensivo já é contestado devido a certas experiências. Existem também relatos das assim chamadas "testemunhas oculares", que afirmam ter visto a aterrissagem de Ovnis, com tripulantes que falavam fluentemente inglês. Estes visitantes do espaço são, em parte, figuras idealizadas como anjos racionais que temem pelo nosso bem-estar; em parte, como anões com cabeças grandes, que abrigam uma inteligência fora do comum, e também como monstros-anões, em forma de insetos lemurianos, cobertos de pelos, com garras e couraças.

Sim, há também "testemunhas", como o Sr. Adamski, que conta ter voado com um Ovni e ter dado uma volta à Lua em poucas horas. Ele nos traz a admirável notícia de que o outro lado da Lua tem atmosfera, água, florestas e povoados, sem se incomodar minimamente com o estranho comportamento da Lua, em mostrar para a Terra o seu lado menos convidativo. Esta aberração física é engolida até por pessoas cultas e bem intencionadas, como Edgar Sievers[5].

613 Considerando-se a paixão que têm os americanos de fotografar, parece estranho existirem tão poucas fotografias "autênticas" de Ovnis. Eles foram observados tantas vezes, durante horas, em relativa proximidade. Casualmente, conheço uma pessoa na Guatemala que, juntamente com centenas de outras, observou um Ovni. Tinha consigo uma máquina fotográfica mas, no alvoroço, curiosamente esqueceu-se de fotografá-lo, apesar de ser dia e o Ovni ter sido observado durante uma hora. Não tenho motivo algum para duvidar da honestidade deste relato, mas ele contribuiu para aumentar a minha impressão de que os Ovnis não são especialmente "fotogênicos".

614 Como se pode deduzir do exposto, a observação e a interpretação de Ovnis já têm levado, por toda parte, a uma verdadeira criação de lendas. Sem contar os milhares de artigos e notícias que aparecem nos jornais, hoje já existe também uma série de livros sobre este assunto; uns a favor, outros contra; uns com objetivos fraudulentos, outros escritos com seriedade. Como mostram as mais recentes observações, o fenômeno, em si, não se deixou impressionar por isso. Pelo que parece, continua indo firme, em frente. Seja o que for, uma coisa é certa: transformou-se num mito vivo. Aqui, temos a oportunidade de ver como nasce uma saga e como se forma um conto milagroso sobre uma tentativa de interferência, ou pelo menos de aproximação de poderes extraterrestres "celestiais", numa época difícil e obscura da humanidade; ao mesmo tempo, numa época em que a fantasia humana se prepara para discutir seriamente a possibilidade de empreender viagens espaciais, de visitar, e, até mesmo, de invadir outros planetas. Nós, do nosso lado, queremos ir para a Lua ou Marte, e do outro lado, os habitantes de outros planetas do nosso sistema solar, ou de planetas da esfera das estrelas fixas, querem vir para cá. Nossas aspirações espaciais são conscientes, mas a respectiva tendência extraterrestre é conjetura mitológica, ou seja, projeção.

---

5. SIEVERS, E. *Flying Saucers über Südafrika*. Zur Frage der Besuche aus dem Weltenraum. Pretoria: Sagittarius Verlag, 1955.

Um mito moderno sobre coisas vistas no céu 27

É certo que sensacionalismo, busca de aventuras, desafios tecno- 615
lógicos e curiosidade intelectual são motivos aparentemente suficientes para a nossa fantasia que gosta de construir suas imagens anteci-
padamente. Mas, como geralmente é o caso, os impulsos para tecer
fantasias deste gênero, especialmente quando aparecem de forma tão
séria – lembro os satélites artificiais da Terra – baseiam-se numa causa subjacente, precisamente uma situação aflitiva de perigo de vida e
necessidade vital correspondente. Podemos facilmente supor que a
humanidade se sinta apertada na Terra e queira fugir da sua prisão,
onde não só pesa sobre ela a ameaça da bomba de hidrogênio como
também – mais profundamente – a explosão demográfica que cresce
como uma avalanche e é motivo de sérias preocupações. Este é um
problema sobre o qual as pessoas não gostam de falar ou, se o fazem,
é só com sugestões otimistas sobre as intermináveis possibilidades de
uma produção intensiva de alimentos. Para estas isso representa mesmo algo mais do que um simples adiamento da solução definitiva!
Previdentemente, o governo indiano liberou 500.000 libras para li-
mitar os índices de natalidade, e a Rússia utiliza-se dos campos de trabalho forçado para esterilização e redução dos temidos índices de natalidade. É certo que os países altamente civilizados do Ocidente sabem encontrar soluções diferentes, mas o perigo imediato não parte
deles, e sim das populações subdesenvolvidas da Ásia e da África.
Não nos compete aqui examinar a fundo até que ponto as duas guerras mundiais foram decorrências forçosas deste problema inquietan-
te: a contenção da expansão demográfica. A natureza utiliza-se de ca-
minhos diferentes para se desfazer das suas criações supérfluas. Na
verdade, o espaço habitacional da humanidade está se reduzindo
cada vez mais e, para vários povos, o máximo já foi ultrapassado há
bastante tempo. O perigo de catástrofe se agrava proporcionalmente
ao aumento da densidade demográfica. O aperto gera medo, que
busca ajuda no espaço extraterrestre, já que a Terra não a fornece.

Por isso, aparecem "sinais do céu", seres superiores em naves es- 616
paciais, maquinadas pela nossa fantasia tecnológica. É que, de um
medo, cujo motivo não é compreendido em toda a sua extensão, e
por isso não se torna consciente, surgem projeções explicativas que
acreditam ter achado a causa do medo em todos os possíveis fatos
inacessíveis e secundários. Alguns deles são hoje em dia tão evidentes

que parece ser quase supérfluo um aprofundamento maior do assunto[6]. Mas quando se quer compreender um boato de massa que, como parece, é acompanhado até de visões coletivas, então, não podemos nos contentar com motivos racionais demais e esclarecimentos superficiais. A causa deve mesmo atingir as raízes de nossa existência, se quiser explicar um fenômeno tão fora do comum como o dos Ovnis. Embora tenham sido observados como curiosidades raras nos séculos passados, naquela época eles só produziram boatos regionais sem importância.

617   O boato universal das massas estava reservado para a nossa época esclarecida e racionalista. A grande e amplamente divulgada fantasia do "fim do mundo", no final do primeiro milênio da era cristã, de motivação puramente metafísica, não precisava de Ovnis para dar a impressão de ter fundamento racional. A intervenção do céu condizia com a concepção de mundo naquela época. Mas a nossa opinião pública certamente não estaria disposta a utilizar-se da hipótese de um ato metafísico, porque neste caso, seguramente, vários padres já teriam pregado a respeito dos sinais celestiais de alerta. Nossa cosmovisão não espera nada do gênero. Talvez estejamos mais dispostos a pensar na possibilidade de se tratar de *distúrbios psíquicos*, especialmente porque, desde a Segunda Guerra Mundial, nossa constituição *psíquica* tornou-se, de certa forma, duvidosa. Neste sentido, existe uma insegurança crescente. Até para a nossa historiografia, os meios tradicionais tornaram-se insuficientes para poder avaliar e explicar os acontecimentos que atingiram a Europa nos últimos séculos, devendo reconhecer que fatores psicológicos e psicopatológicos começam a ampliar assustadoramente o horizonte da historiografia. O consequente e constante interesse pela psicologia, despertado no público intelectual, já provoca a indignação das academias e dos especialistas em outras áreas. Apesar da sensível resistência que parte desses meios contra a psicologia, uma psicologia ciente da sua responsabilidade não pode desistir de focalizar criticamente um fenômeno de massa como o dos Ovnis, porque perante a evidente impossibilidade

---

6. Cf. com as explicações elucidativas de BÖHLER, E. *Ethik und Wirtschaft. Industrielle Organisation*, Zurique: [s.e.], 1957.

Um mito moderno sobre coisas vistas no céu

de tais relatos sobre os Ovnis a suposição de que se trate de um distúrbio psíquico condiz melhor com o senso comum.

De acordo com o nosso programa, vamos nos dedicar, então, à questão da natureza psíquica do fenômeno. Para este propósito, vamos focalizar novamente as afirmações centrais do boato: em nosso espaço aéreo são observados, de dia e de noite, objetos que não podem ser comparados a fenômenos meteóricos conhecidos. Não são meteoros, nem confusões com estrelas fixas, nem espelhamentos provocados por inversão térmica, nem configurações de nuvens, nem aves migratórias, nem balões, nem raios esféricos e – *last but not least* – não são delírios de embriaguez, nem de febre, nem mentiras de testemunhas oculares. O que é visto regularmente são corpos aparentemente incandescentes ou de brilho candente multicolorido, de formato *redondo*, em forma de discos ou esferas, e mais raramente em forma de charutos, ou seja, cilíndricos, de vários tamanhos[7]. Estes corpos, dizem as testemunhas, são, às vezes, invisíveis para o olho humano. Em compensação, porém, deixariam um blip (mancha) na tela do radar. Particularmente, os corpos redondos são formas semelhantes às que o inconsciente traz à tona através dos sonhos, das visões etc. Neste caso, devem ser encarados como *símbolos* que representam, de forma visível, um pensamento não pensado conscientemente, mas só potencialmente, isto é, no inconsciente ele se encontra disponível de forma não visível, e só através do processo de conscientização alcança um estado visível. Porém, a forma reconhecível exprime só aproximadamente o conteúdo do sentido, em si inconsciente. No caso prático, este ainda tem de se tornar "completo", através da interpretação complementar. As causas de erro que a partir daí inevitavelmente resultam só podem ser eliminadas pelo princípio do "*eventus docet*" (o acontecimento ensina). Isto significa que pela comparação de séries extensas de sonhos de diferentes indivíduos se mantém um texto continuamente legível. Também as figuras de um boato estão sujeitas aos princípios da interpretação dos sonhos.

---

7. A forma mais raramente mencionada de charuto tem, talvez, o Zepelim como exemplo.

30 Obra Completa – Vol. 10/4

619   Se aplicarmos estes princípios ao objeto redondo percebido – independentemente de ser um disco ou uma esfera – obteremos tranquilamente a analogia com o símbolo da totalidade, o *mandala* (em sânscrito: círculo), muito familiar entre os peritos em psicologia profunda. Este símbolo não representa de modo algum uma nova invenção, pois, por assim dizer, sempre foi onipresente e existiu em todos os tempos com o mesmo significado. Sem ter uma tradição externa, aparece também repetidamente entre os homens modernos ora como um círculo apotropeico que delimita e protege, ora como a chamada "roda solar" pré-histórica, ora como círculo mágico, ora como microcosmo alquimista, ou como símbolo moderno, encerrando a totalidade anímica e ordenando-a. Como já demonstrei em outro lugar[8], o mandala desenvolveu-se ao longo dos últimos séculos, cada vez mais como um verdadeiro símbolo de totalidade psíquica, como prova a história da adquimia. Através do sonho de uma menina de seis anos mostrarei como o mandala se revela nos homens modernos. A sonhadora *está na entrada de um grande edifício desconhecido. Aí a espera uma fada que logo a conduz ao interior do prédio, através de um longo corredor de colunas até uma espécie de sala central, para a qual convergem muitos corredores parecidos. A fada vai ao centro da sala e lá se transforma numa grande chama de fogo. Três cobras rastejam circulando ao redor do fogo.*

620   Trata-se de um sonho infantil clássico, arquetípico. Não é só frequentemente sonhado, mas às vezes é também desenhado sem influência externa. Tem a intenção declarada de afastar influências antipáticas e desnorteantes, provenientes de um meio familiar perturbado, e também de manter o equilíbrio interno.

621   O mandala descreve a totalidade psíquica protegendo de dentro para fora e procurando unir opostos internos. Paralelamente é um declarado *símbolo de individuação,* já conhecido como tal na alquimia medieval. Já se atribuiu à alma a forma esférica, em analogia com a alma universal de Platão; em sonhos modernos, também encontramos o mesmo símbolo. Assim, em razão de sua origem antiga, nos

---

8. Cf. "O simbolismo dos mandalas". In: JUNG, C.G. *Os arquétipos e o inconsciente coletivo.* Petrópolis: Vozes, 2011 [OC, 9/1].

leva às esferas celestiais, aos "lugares supracelestes" de Platão, onde as "ideias" de todas as coisas estão guardadas. Por isso, nada poderia se opor à interpretação ingênua dos Ovnis como "almas". Eles, naturalmente, não representam o nosso conceito moderno de alma, mas muito mais uma imagem involuntária, arquetípica, ou seja, mitológica, de um conteúdo inconsciente de um *rotundum* (redondo) que exprime a totalidade do indivíduo. Descrevi e defini[9] este quadro espontâneo como a imagem simbólica do *si-mesmo*, particularmente como a totalidade composta de consciente e inconsciente. Não estou de forma alguma sozinho nesta definição, pois a filosofia hermética da Idade Média já tinha chegado a conclusões muito parecidas. A frequente experiência de seu reaparecimento espontâneo entre os modernos confirma o caráter arquetípico desta ideia. Estes sem dúvida desconhecem tal tradição, e por isso não sabem o que fazem, nem eles nem a sociedade em que vivem. Sim, até às pessoas que deveriam saber não lhes ocorre que seus filhos poderiam sonhar com algo como a filosofia hermética. Neste sentido, reina um geral e profundo desconhecimento, que certamente não é um veículo apropriado para a tradição mitológica.

Já que os corpos redondos e luminosos que aparecem no céu são considerados como visões, não podemos deixar de interpretá-los como quadros arquetípicos. Isto significa que eles são projeções automáticas, involuntárias, baseadas no instinto; imagens que tampouco podem ser menosprezadas como se não tivessem sentido, ou como se fossem pura coincidência, como outras manifestações ou sintomas psíquicos. Quem dispõe dos necessários conhecimentos históricos e psicológicos sabe que os símbolos circulares, o *rotundum* em linguagem alquimista, desempenharam um papel significativo em todo lugar e em todos os tempos. Em nossa esfera cultural, por exemplo, como imagem de Deus, ao lado do já mencionado símbolo da alma. A antiga afirmação diz: *"Deus est circulus cuius centram est ubique,*

---

9. Cf. o capítulo "O si-mesmo". in: JUNG, C.G. *Aion* – Estudos sobre o simbolismo do si-mesmo [OC, 9/2].

cuius circumferentia vero nusquam"[10] (Deus é um círculo cujo centro está em todo lugar, cuja circunferência, porém, em nenhum lugar). *Deus* e sua *omniscientia, omnipotentia* e *omnipraesentia*, um ἕν τὸ πᾶν (Uno, o cosmo) é o símbolo da totalidade por excelência, um redondo, um completo, um absoluto. Epifanias deste tipo estão, na tradição, muitas vezes ligadas ao fogo e à luz. Por isso, ao nível da Antiguidade, os Ovnis podem ser facilmente entendidos como "deuses". Eles são manifestações de impressionante totalidade, cuja simples "circularidade" representa propriamente aquele arquétipo que, conforme a experiência, desempenha o papel principal na unificação de opostos, aparentemente incompatíveis, e que por esse mesmo motivo corresponde, da melhor forma, a uma compensação da dissociação mental da nossa época. Além disso, ele desempenha, entre outros arquétipos, um papel especialmente significativo, sendo ele, principalmente, o ordenador de situações caóticas e o que proporciona à personalidade a maior unidade e totalidade possíveis. Ele cria a imagem da grande personalidade do homem-deus, do homem primordial ou *anthropos*, de um *Chen-yen*[11], de um Elias que invoca o fogo do céu, que sobe ao céu num carro de fogo[12] e é um predecessor do Messias, a figura dogmaticamente definida de Cristo e – *last but not least* – do cádi islâmico, o esverdeante[13], que por sua vez é um paralelo de Elias, a peregrinar como o cádi pela terra como personificação de Alá.

623   A atual situação mundial está mais do que nunca propícia para despertar a expectativa de um acontecimento libertador extraterrestre. Se uma tal expectativa não tem força para despontar mais nitidamente, é porque ninguém mais está tão firmemente enraizado na cosmovisão dos séculos anteriores para poder considerar como natural uma intervenção do céu. De fato, o nosso desenvolvimento nos tem

---

10. Cf. BAUMGARTNER, M. Die Philosophie des Alanus de Insulis. In: BÄUMKER, C. & HERTLING, G.F. v. *Beiträge zur Geschichte der Philosophie des Mittelalters.* Vol. II, fasc. 4. Münster: [s.e.], 1896, p. 118.

11. O homem verdadeiro, ou completo.

12. Elias aparece de forma significativa também, como a águia, que do alto observa, à procura de injustiças na Terra.

13. Cf. JUNG, C.G. "Sobre o renascimento". In: JUNG, C.G. *Os arquétipos e o inconsciente coletivo.* Petrópolis: Vozes, 2011 [OC, 9/1; § 240s.].

afastado consideravelmente da segurança metafísica do mundo na Idade Média; mas não tanto que as nossas bases histórico-psicológicas tenham se esvaziado de qualquer esperança metafísica[14]. No consciente prevalece o esclarecimento racionalista que tem horror a todas as tendências "ocultas". É verdade que existem esforços desesperados de volta às origens cristãs, mas sem chegar novamente àquela imagem limitada do mundo que – como antigamente – deixaria espaço suficiente para uma intervenção metafísica, ou ajudaria a reviver uma fé no além, verdadeiramente cristã, e uma igual esperança num "fim do mundo" próximo, que pusesse um fim definitivo ao erro da criação. A fé que se tem no nosso mundo e no poder do ser humano tornou-se – apesar de afirmações em contrário – a verdade prática e, por enquanto, inabalável.

Esta atitude de uma maioria esmagadora é a base mais favorável para a realização de uma projeção, ou seja, para uma manifestação dos subestratos inconscientes. Apesar da crítica racionalista, estes emergem em forma de boato simbólico, acompanhados e apoiados pelas respectivas visões, que neste momento se apoderam de um arquétipo que desde sempre expressou aquilo que ordena, resolve, cura e integra. É certamente uma característica do nosso tempo que o arquétipo, ao contrário de suas formações antigas, tenha adquirido uma forma objetiva e, até mesmo, tecnológica, para esquivar-se do incômodo de uma personificação mitológica. Aquilo que parece ser de natureza tecnológica é muito fácil de ser aceito pelo homem moderno. A ideia impopular de uma intervenção metafísica torna-se sensivelmente mais aceitável diante da possibilidade de viagens espaciais. A aparente ausência de força gravitacional nos Ovnis é verdadeiramente um assunto algo difícil de ser digerido, mas a nossa física tem, ultimamente, feito tantas descobertas que chegam à beira do milagre por que, então, os habitantes estelares mais desenvolvidos não

---

14. Existe um constante mal-entendido, injustificado, porém, entre os eruditos de formação científica, quando alegam que eu entendo os subestratos psíquicos como se fossem "metafísicos", enquanto que os teólogos me acusam de "psicologizar" a metafísica. Ambos estão errados. Sou um empirista que se mantém dentro dos limites estabelecidos da teoria do conhecimento.

poderiam já ter achado o meio de desativar a força gravitacional e atingir a velocidade da luz, ou mais?

625 A física nuclear tem provocado nas mentes dos leigos uma insegurança de julgamento que supera em muito a dos físicos, tornando aparentemente possíveis coisas que até pouco tempo atrás seriam consideradas absurdas. Por isso, os Ovnis podem ser facilmente considerados como um dos milagres da física e como tais admitidos. Lembro-me, porém, com certo constrangimento, dos tempos em que eu estava convicto de que algo mais pesado do que o ar não poderia voar. Logo depois, esta convicção seria corrigida de forma bastante vergonhosa. Por um lado, a aparente natureza física dos Ovnis deixa também nas melhores cabeças enigmas deste tipo a resolver; por outro, forma-se a seu respeito uma lenda tão impressionante que a pessoa se sente tentada a avaliá-la, como se diz, em noventa por cento, como um produto psíquico e a subordiná-la da mesma forma a uma interpretação psicológica tradicional. Caso um fenômeno desconhecido seja a causa externa do mito, isso não o altera em nada, já que muitos mitos têm origens meteóricas e outras causas naturais, que de forma alguma explicam o mito. Este é, principalmente, um produto do arquétipo inconsciente e, por isso, um símbolo que requer uma interpretação psicológica. Para o primitivo, qualquer objeto pode adquirir, repentinamente, um significado fetichista. Por exemplo, uma lata de conservas jogada fora: seu efeito, de maneira alguma, está ligado à lata, porém é muito mais um produto psíquico.

2. O Ovni no sonho

626 É óbvio que os Ovnis não são somente vistos, mas também sonhados. Mas, para o psicólogo, isto é especialmente interessante, porque os sonhos individuais revelam de que forma eles são compreendidos pelo inconsciente. Para se obter um quadro aproximadamente completo de um objeto psiquicamente refletido, sabemos que, de forma alguma, seria suficiente uma operação exclusivamente intelectual. Para isto é preciso, além das três funções, que são o sentimento (valorização), a sensação (*fonction du reél*, sentido do real) e a intuição (percepção das possibilidades), também a reação do inconsciente, o u s e j a, o quadro do contexto associativo inconsciente. Esta visão geral

Um mito moderno sobre coisas vistas no céu

é a que possibilita um julgamento aproximadamente completo do acontecimento psíquico desencadeado pelo objeto. Através da abordagem exclusivamente intelectual de um determinado objeto, consegue-se compreender a metade ou apenas um quarto dele.

Como ilustração, gostaria de mencionar dois sonhos de uma senhora culta. Ela jamais viu um Ovni, mas interessou-se pelo fenômeno, sem, no entanto, conseguir formar uma ideia exata do mesmo. Ela também desconhece a literatura sobre os Ovnis, tanto quanto os meus pensamentos a respeito. A sonhadora conta: **627**

Sonho 1

Estou descendo os Campos Elíseos, num ônibus, juntamente com muitas pessoas. Soa o alarme antiaéreo. O ônibus para, todos os passageiros pulam para fora e desaparecem dentro das casas mais próximas, fechando as portas atrás de si. Eu sou a última a descer do ônibus, e também tento entrar numa casa, mas todas as portas, com suas fechaduras de latão polido, estão firmemente fechadas, e os Campos Elíseos estão inteiramente vazios. Encosto-me na parede de uma casa e observo o céu: em vez dos bombardeiros esperados, vejo uma espécie de disco voador, isto é, uma bola metálica em forma de gota. Ela voa muito lentamente do norte para o leste, e tenho a impressão de que alguém do disco me observa. No silêncio, escuto os saltos altos de uma mulher, que desce sozinha a calçada dos Campos Elíseos. O ambiente é muito misterioso.

Sonho 2 (mais ou menos um mês depois)

Estou andando à noite, nas ruas de uma cidade. Aparecem engines *(máquinas) interplanetárias no céu, e todas as pessoas fogem. As* engines *parecem charutos de aço. Eu não fujo. Uma das* engines *aponta em minha direção, e desce inclinada diretamente sobre mim. Eu penso: o Prof. Jung acha que a gente não deve fugir, e fico parada olhando diretamente na direção da* engine. *De frente, olhando de perto, ela parece ser um olho circular meio azul, meio branco. Um quarto de hospital: meus dois chefes entram no quarto e, muito preocupados, se in-*

formam sobre o meu estado com a minha irmã, que os recebe. Minha irmã responde que só de olhar aquilo fiquei com o rosto queimado. Só nesse momento pecebo que estão falando de mim, e que minha cabeça está toda enfaixada, embora não possa vê-la.

Comentário sobre o sonho 1

628   O sonho retrata, como uma busca de uma saída de conflito, um *pânico de massa humana,* como no caso de um alarme antiaéreo. Aparece um Ovni, que tem *forma de gota.* Um corpo líquido adquire, no momento de cair, o formato de gota, o que esclarece que o Ovni é compreendido como líquido que cai do céu, análogo à chuva. Esta surpreendente forma de gota do Ovni e a analogia com um líquido aparecem na literatura[1]. Ela deve, presumivelmente, explicar a variabilidade da forma. Este líquido "celestial" deve ser de composição misteriosa, e, provavelmente, imaginado como o conceito alquimista da *aqua permanens,* a "água eterna", que na alquimia do século XVI também é chamada de "céu", e que representa uma *quinta essentia.* Esta água é o *deus ex machina* da alquimia, a solução milagrosa. A palavra *solutio* é usada tanto para a solução de um problema como para a solução química. Sim, esta água é o próprio mágico Mercurius, aquele que dissolve e junta (*solve et coagula*), o remédio universal que age física e espiritualmente, que, ao mesmo tempo, pode representar ameaça e perigo, e que cai do céu como "*aqua coelestis*".

629   Assim como os alquimistas falam da "pedra que não é pedra", assim também falam da sua água "filosofal", que não é água, mas mercúrio, e que também não é nenhum hidrargírio metálico comum, mas um "espírito" (*pneuma, spiritus*). Isto representa a matéria arcana, que se transforma, nas operações alquímicas, de uma matéria mineral impura em uma forma espiritual muitas vezes personificada (*filius hermaphroditus sive Macrocosmi*). A "água dos filósofos" é a matéria clássica, que transforma os elementos químicos, e por sua vez é trans-

---

1. Num relatório sobre o caso clássico do Capitão Mantell, fala-se da semelhança dos Ovnis com uma *tear drop* (lágrima), e que estes se comportam como um líquido. Cf. WILKINS, H.T. *Flying Saucers on the Attack.* Nova York: Citadel Press, 1954, p. 90.

formada nas mudanças que acontecem, e é também o espírito libertador da sua esperança religiosa. Estas ideias tiveram o seu início na literatura antiga, continuaram a se desenvolver na Idade Média e penetraram até no conto popular. Um texto muito antigo (presumivelmente, do século I) diz que na pedra que fosse achada no Nilo estaria escondido um espírito. "Mergulha tua mão e tira o espírito (*pneuma*). Esta é a exidrargiriose (a extração do mercúrio)". Temos muitas provas para demonstrar a atuação deste arquétipo animista, por um período de aproximadamente mil e setecentos anos. O mercúrio, por um lado, é um metal; por outro, é um líquido, e, além do mais, pode ser facilmente evaporado, isto é, transformado num vapor ou espírito; como *spiritus Mercurii* e como uma espécie de panaceia, era considerado salvador e *servator mundi* (mantenedor do mundo). O mercúrio é um "redentor", que estabelece a "paz entre os inimigos" e, como *cibus immortalis* (alimento da imortalidade), livra as criaturas das doenças e da corruptibilidade, semelhante ao que Cristo teria feito pelos homens. Como, na linguagem dos Padres da Igreja, Cristo é uma "fonte borbulhante", da mesma forma o mercúrio é chamado pelos alquimistas de *aqua permanens*, *ros Gideonis* (orvalho de Gedeão), *vinum ardens* (vinho ardente), *mare nostrum* (nosso mar), *sanguis* (sangue) etc.

Muitos relatórios, particularmente os primeiros, revelam que os Ovnis podem aparecer repentinamente e desaparecer da mesma forma. Podem ser detectados pelo radar enquanto são invisíveis ao olho humano, e, ao contrário, podem ser vistos a olho nu, mas não podem ser detectados pelo radar! Os Ovnis podem se fazer visíveis ou invisíveis, conforme a sua vontade, assim se afirma. Então, devem ser, evidentemente, feitos de uma matéria que ora é visível, ora é invisível. A analogia mais próxima para este fato é a de um *líquido evaporável* que, do estado da invisibilidade, condensa-se em forma de gota. Lendo os textos antigos, ainda pode-se sentir vibrar o milagre do desaparecimento e reaparecimento, que se revelou ao alquimista na evaporação da água e, respectivamente, na do mercúrio: é a transformação da alma de Heráclito (que tinha virado água), em *pneuma* invisível, sob a vara mágica de Hermes, e novamente a sua queda do *empyreum*, para a visibilidade da criação. Zósimo de Panópolis (século III) nos legou um valioso documento que descreve esta transformação. A fantasia

38   Obra Completa — Vol. 10/4

que resultou da meditação sobre uma panela fervente, uma das experiências mais antigas da humanidade, bem que poderia, também, ser a responsável pelo aparecimento e desaparecimento dos Ovnis.

631   A inesperada forma de gota no sonho que nos serviu de exemplo incita à comparação com uma ideia central da alquimia, que nos é conhecida, não somente na Europa, mas também na Índia (sistema do mercúrio) e na China (aqui, já no século II). A excepcionalidade dos Ovnis encontra correspondência na excepcionalidade do seu contexto psicológico, que deve ser levado em consideração, caso se tenha a coragem de enfrentar a interpretação de um fenômeno desta espécie. Não se pode esperar que os nossos conhecidos princípios de explicação racionalista estejam à altura da estranheza essencial do fenômeno dos Ovnis. Uma perspectiva "psicanalítica" só conseguiria levar os pensamentos para uma fantasia sexual, através de uma "teoria sexual" pressuposta, para, quando muito, chegar à conclusão de que, por exemplo, um útero reprimido esteja descendo do céu. Isto até que combinaria com o antigo conceito médico da histeria (*hysteros = uterus*) como "migração do útero", uma vez que se trata de uma mulher que tem um sonho de medo. (Como é que fica, então, a situação dos pilotos masculinos, que são os verdadeiros autores do boato?). A linguagem sexual certamente não deveria significar muito mais do que qualquer outro meio de expressão simbólica. Este tipo de explicação é, no fundo, tão mitológico, e ao mesmo tempo racionalista, quanto as divagações tecnológicas sobre a natureza e a finalidade dos Ovnis.

632   A sonhadora sabe o suficiente de psicologia, para também no sonho estar consciente da necessidade de não se entregar ao medo e de não fugir, mesmo que isto seja o que ela mais gostaria de fazer. Porém, o inconsciente cria, no sonho, uma situação, na qual esta saída está fechada. Consequentemente, ela tem a oportunidade de observar o fenômeno de perto. Ele se revela inofensivo. Na verdade, os passos despreocupados de uma mulher indicam uma pessoa que não percebeu absolutamente o fenômeno, ou que não tem medo.

Comentário sobre o sonho 2

633   A exposição começa com a constatação de que é noite e está *escuro*, uma hora em que as pessoas, normalmente, dormem e sonham.

Como no sonho anterior, neste também existe pânico. Aparecem Ovnis (a referência é no *plural).* Lembrando o primeiro comentário, a acentuada singularidade do "si-mesmo" como imagem superior, por assim dizer, divina, seria dissolvida numa pluralidade. No nível mitológico, isto seria equivalente a uma pluralidade de deuses, homens-deuses, demônios, ou almas. É certo que, na linguagem da filosofia hermética, a matéria arcana ou *quinta essentia* tem *mille nomina* (mil nomes). Porém, na sua essência, ela é constituída do Uno e Único (isto é, *Deus ex principio*), que somente se torna plural através da cisão (*multiplicatio*). A alquimia se entende como um "*opus divinum*" (obra divina), que quer libertar da sua prisão a "*anima in compedibus*" (a alma aprisionada), ou seja, o demiurgo que foi dividido na sua criação, devolvendo-o ao seu estado de unidade original.

Sob o ponto de vista psicológico, a pluralidade do símbolo da unidade significa uma cisão em várias unidades independentes, isto é, uma pluralidade de "si-mesmos", de forma que, aquele *um* princípio "metafísico", a imagem monoteísta, é dissolvido numa pluralidade de *dii inferiores* (deuses subordinados). Sob o ponto de vista do dogma cristão, uma operação destas poderia facilmente ser entendida como heresia declarada, se, a este conceito, não se opusesse o postulado lógico, inequívoco, de Cristo: "*Vós sois deuses*", e a ideia igualmente clara da filiação divina, os quais pressupõem, pelo menos, um parentesco potencialmente divino do ser humano. Vendo do ponto de vista psicológico, a pluralidade dos Ovnis corresponderia à projeção da pluralidade dos indivíduos humanos, em que a escolha do símbolo (corpos redondos) indica que o que foi projetado não contém, como se poderia supor, a pluralidade das pessoas, e sim, muito mais, a sua totalidade psíquica ideativa, isto é, não somente o homem empírico, da forma que ele mesmo se conhece, mas a sua psique inteira, cujos conteúdos de consciência devem ainda ser complementados pelos conteúdos do inconsciente. É certo que, graças a indagações, sabemos algumas coisas a respeito, o que nos proporciona certa ideia para podermos prosseguir. Mas, na realidade, estamos ainda muito distantes de poder esboçar um quadro *hipotético* completo, suficientemente fundamentado. Só para mencionar uma das enormes dificuldades da psicologia do inconsciente: existem experiências parapsicológicas que hoje em dia não podem mais ser descartadas e que têm de ser consideradas, na apreciação dos acontecimentos psíquicos. Por isso, não se pode mais tratar o inconsciente como se ele dependesse de maneira causal do consciente, já que o inconsciente possui características das quais o consciente não dispõe. Ele deve ser muito mais compreendido como um valor autônomo, que está em ação recíproca com o consciente.

635   A pluralidade dos Ovnis corresponde à projeção de uma pluralidade de quadros psíquicos de totalidades, que aparecem no céu porque, por um lado, representam arquétipos, carregados de energia, e, por outro, não são reconhecidos pelo homem como fatores psíquicos. Esta circunstância resulta do fato de que a consciência individual não possui categorias de definição com cuja ajuda poderia compreender a natureza da totalidade psíquica. Ao contrário, a consciência hodierna está ainda num estado arcaico, onde percepções semelhantes ainda não acontecem e, dessa forma, os respectivos conteúdos não podem ser reconhecidos como fatores psíquicos. Além do mais, a consciência está ainda de tal forma educada, que não deve entender tais ideias como formas inerentes à psique, e sim, muito mais, como existentes no espaço extrapsíquico, isto é, metafísico, ou, pelo menos, acreditar nelas como fatos históricos. Quando, devido às circunstâncias da época e da situação psíquica geral, o arquétipo recebe uma carga energética adicional, então, pelos motivos insinuados, ele não pode ser diretamente integrado no consciente. Ele é obrigado, antes de mais nada, a se manifestar indiretamente, em forma de uma projeção espontânea. A imagem projetada aparece, então, como um fato aparentemente físico, que independe da psique individual e da sua constituição: a totalidade redonda do Mandala torna-se um veículo espacial dirigido por seres inteligentes. A forma geralmente lenticular dos Ovnis é favorecida pelo fato de que a integridade espiritual sempre teve certo parentesco cósmico, como revelam provas históricas, de tal forma que a alma individual era considerada como de origem "celestial" e como partícula da alma mundial, sendo, respectivamente, compreendida como um microcosmo, isto é, um retrato do macrocosmo. A teoria das mônadas de Leibniz é um excelente exemplo no caso. O macrocosmo é o mundo dos astros que nos circundam. Às mentes ingênuas ele parece esférico. Desta forma, pode-se dizer, proporciona também à alma a tradicional forma esférica.

Um mito moderno sobre coisas vistas no céu   41

Mas, na realidade, o céu astronômico está repleto sobretudo de aglo-
merações estelares lentiformes, as galáxias, cuja forma coincide com
a dos Ovnis. A forma lenticular explícita dos mesmos deve ser, talvez,
considerada como uma concessão aos resultados obtidos de recentes
pesquisas astronômicas, pois, conforme meus conhecimentos, não
existem tradições mais antigas que falem de uma forma lenticular da
alma. Aparentemente, temos aqui um exemplo de modificação da
tradição mais antiga através da aquisição de novos conhecimentos,
ou seja, uma influência na formação da imagem primitiva, pelas recentes aquisições da consciência, como nas numerosas substituições
de animais e monstros por automóveis e aviões, nos sonhos dos tempos modernos.

Como deve ser acentuado, existe também a possibilidade de um   636
conhecimento natural ou "absoluto", que representa uma coincidência da psique inconsciente com fatos objetivos. Este é um problema
que os fenômenos da parapsicologia colocam. O "saber absoluto"
não só acontece no campo da telepatia e da precognição, mas também no âmbito da biologia, como, por exemplo, na adequação de-
monstrada por Portmann[2], do vírus da hidrofobia sobre a anatomia
do cão e do homem; o aparente conhecimento da vespa sobre a loca-
lização do gânglio motor da lagarta, que deverá alimentar a descen-
dência da vespa; a produção de luz dos peixes e insetos com um ren-
dimento aproximado de noventa e nove por cento; o senso de orientação dos pombos-correio; o aviso de terremoto das galinhas e gatos,
e a admirável cooperação nos relacionamentos simbióticos. Como se
sabe, o processo da vida não se explica apenas pela causalidade, mas
também pela escolha ("inteligente"). Assim, a figura dos Ovnis está
em analogia com os elementos da estrutura espacial, as galáxias, não
importando se isto parece ser ridículo ao raciocínio humano ou não.

Em nosso sonho aparece a costumeira forma lenticular, substituí-   637
da pela forma mais rara de charuto, que parece aludir à dos primeiros
dirigíveis. Como no sonho 1, a interpretação psicanalítica utilizou um
"símbolo" feminino, o útero, para explicar a forma de gota, assim

---

2. PORTMANN, A. "Die Bedeutung der Bilder in der lebendigen Energiewandlung".
Eranos-Jahrbuch, XXI, 1952. Zurique: Rhein-Verlag, 1953.

também aqui é evidente a analogia sexualista da forma fálica. Os subestratos psíquicos arcaicos têm em comum com a língua primitiva o fato de ambos traduzirem coisas desconhecidas ou incompletas em formas de pensamento instintivas ou habituais. Por isso Freud podia, com uma certa razão, afirmar que todas as formas redondas ou ocas têm significado feminino, e todas as formas longitudinais, significado masculino, como, por exemplo, chaves com extremidades ocas ou fechadas, ou, também, telhas côncavas que ficam por baixo, e convexas que ficam por cima (em alemão estas se chamam "monjas" e "monges"). Nestes casos, o interesse que naturalmente se tem pela sexualidade e também a sugestão humorística convidam, de certa forma, à formação deste tipo de analogias. Estas transposições não são somente motivadas pelo impulso sexual mas também pela fome, ou seja, pelo instinto de alimentação, e pela sede. Com os deuses, não só existem uniões sexuais, mas eles também são comidos e bebidos. A atração sexual tem que se sujeitar a uma transposição deste tipo. Por exemplo, o moço gosta da moça a ponto de querer "comê-la". A linguagem está cheia de metáforas nas quais um instinto é expresso nos termos do outro. E não é preciso tirar a conclusão de que o verdadeiro e essencial sentido seja o "amor", ou a fome, ou o instinto de poder etc. O sentido específico consiste muito mais no fato de cada situação despertar o instinto que lhe corresponde, o qual, então, passa a dominar como uma necessidade vital, fato decisivo, tanto na escolha do símbolo[3], como na sua interpretação.

638 No caso do nosso sonho, temos uma provável analogia fálica. Conforme o significado deste símbolo altamente arcaico, o da visão do Ovni, a analogia fálica lhe confere o caráter de "gerador" e "fecundador", e num sentido mais amplo, também o de "penetrador"[4]. A "penetração" ou a "concepção" pelo deus foi, na verdade, sentida e alegorizada pelo ato sexual. Todavia, seria um mal-entendido querer conferir uma nova interpretação a uma experiência genuinamente religiosa, por causa de uma simples metáfora, tornando-a uma fanta-

---

3. O falo não é um sinal que indica o pênis, mas, pelo seu múltiplo significado, um símbolo.

4. Por exemplo, de acordo com o fato de chamar Dioniso de Enkolpios. *Kolpos*: cavidade, bala. *Enkolpios*: aquele que se encontra na cavidade.

sia sexual "reprimida". O "penetrante" também é representado pelo punhal, pela lança e pela flecha.

A sonhadora não cede ao aspecto ameaçador, mesmo quando vê que a aeronave a põe na sua mira. Nesta confrontação direta, aparece, novamente, o aspecto original, esférico ou lenticular do Ovni, ou seja, a forma de um "olho circular". Esta figura corresponde ao olho de Deus tradicional que, como *panskopos* (omnivdente), pesquisa os corações dos homens, isto é, traz à luz a sua verdade e, sem misericórdia, revela a totalidade da alma. É o reflexo da "introspecção" (do olhar para dentro), na real totalidade do próprio ser. 639

O olho é meio azul e meio branco, o que corresponde às cores do céu, ao seu azul puro, e ao branco das nuvens, que tomam do céu o azul transparente. A totalidade da alma, na verdade, o si-mesmo, representa uma junção de opostos. Sem alguma sombra, o si-mesmo também não seria verdadeiro. Ele sempre tem dois aspectos, um mais claro, e outro mais escuro, como o conceito do Deus pré-cristão do Antigo Testamento, que está muito de acordo com o empirismo da vivência religiosa do que o "*summum bonum*", de procedência cristã, que está fundamentado sobre o solo movediço de um silogismo (a saber, o da *privatio boni*) (Ap 14,7). Até o grande cristão Jacob Boehme não pôde fugir a esta maneira de ver que aparece destacadamente em suas Quarenta questões sobre a alma[5]. 640

A forma de gota do Ovni, que significa uma substância líquida, um tipo de "água", dá lugar aqui a uma figura circular, que não somente vê, isto é, emite luz (conforme conceito antigo, "luz" = ver), mas também calor ardente. Quem não se lembra do brilho insuportável que irradiava o semblante de Moisés, depois de ter visto Deus? E do "fogo eterno, junto ao qual ninguém pode permanecer"?[6] E das palavras de Jesus: "Quem está perto de mim, está perto do fogo?"[7] 641

Uma experiência deste tipo não atrai, hoje em dia, os cuidados de um teólogo, e sim, os de um médico, no caso, os de um psiquiatra, 642

---

5. BOEHME, J. *Vierzig Fragen von der Seele*. Amsterdã: [s.e.], 1682.

6. Is 33,13.

7. HENNECKE, E. (org.). *Neutestamentliche Apokryphen*. Tübingen/Leipzig: Mohr, 1904, p. 91.

como especialista competente. Já me aconteceu, mais de uma vez, de ser consultado por pessoas assustadas por sonhos e visões. Elas consideravam acontecimentos deste tipo como sintomas de doença psíquica, que talvez até indicassem uma doença mental. Mas, na realidade, eram, antes, *"somnia a Deo missa"* (sonhos enviados por Deus), isto é, eram verdadeiras e autênticas experiências religiosas, que tinham atingido um consciente despreparado, sem conhecimento, e até mesmo danificado. Neste caso, atualmente, não se tem escolha: o que não é rotineiro só pode ser doentio, já que a realidade não é considerada como a verdade máxima, e sim, o padrão médio abstrato. O sentimento de valor é reprimido a favor de um intelecto limitado e de um raciocínio preconceituoso. Por isso, não admira que a nossa paciente tenha acordado no hospital com o rosto queimado depois da sua experiência com o Ovni. É de se esperar, na história contemporânea.

643   O segundo sonho se destaca do primeiro pelo fato de demonstrar, claramente, a relação interna entre o sujeito e o Ovni, o que não ocorre no primeiro sonho. O Ovni coloca a sonhadora sob sua mira e não só lhe dirige um olhar indagador, que a envolve num confronto, mas também a ilumina com *calor* mágico, sinônimo de intensidade afetiva interna. O fogo é o equivalente simbólico de um afeto fortíssimo, que neste caso aparece inesperadamente. Apesar do seu medo (justificado), a sonhadora enfrenta o fenômeno, como se, no fundo, ele fosse inofensivo, mas agora tem que reconhecer que ele consegue irradiar um calor ameaçador. Este é um depoimento que encontramos várias vezes na literatura dos Ovnis. Por sua vez, este efeito representa uma projeção da própria emoção, que não foi percebida como tal, um sentimento de valor intensificado até o afeto, mas que fica sem ser reconhecido. Até mesmo a fisionomia foi alterada por isso, conforme expressa o sonho (queimadura). Isso não lembra somente a mudança no rosto de Moisés, mas também a do Bruder Klaus, depois da sua assustadora visão de Deus[8]. Isso indica uma experiência "inapagável", cujas marcas aparecem visíveis também para outros, isto é, uma experiência que causou uma mudança visível na expressão geral da personalidade. No entanto, do ponto de vista psico-

---

8. Cf. JUNG, C.G. Bruder Klaus; cf. tb. FRANZ, M.-L. von. *Die Visionen des Niklaus von Flüe*. Zurique: [s.e.], 1959 [Estudos do C.G. Jung-Institut, 9].

lógico, este acontecimento, enquanto não estiver integrado ao consciente, significa somente uma modificação em potencial. Devido a este fato, Bruder Klaus vê-se na necessidade de realizar estudos e meditações demoradas até que consegue reconhecer, em seu rosto assustador, uma visão da Santíssima Trindade, e desta forma transformar o acontecimento, de acordo com o espírito da sua época, num conteúdo integrado do consciente, que o responsabilizava intelectual e eticamente. Este trabalho está ainda por ser realizado pela nossa sonhadora e assim, também, possivelmente, por todos aqueles que veem, sonham ou espalham um boato a respeito dos Ovnis.

Os símbolos da divindade coincidem com os do si-mesmo, isto é, 644
com aquilo que, em forma de experiência psicológica, por um lado, representa a totalidade psíquica, e, por outro, exprime a ideia da divindade. Com isso não se afirma a existência de uma identidade metafísica dos dois conceitos, e sim somente a identidade empírica dos quadros que se formam na psique humana, como demonstra claramente o nosso sonho. A condição metafísica para a formação de quadros idênticos está, como tudo o que é transcendental, fora do alcance da compreensão humana.

O motivo do olho isolado de Deus, que no nosso sonho, de certa 645
forma, é oferecido pelo inconsciente como interpretação do fenômeno Ovni, já foi insinuado na mitologia do antigo Egito como o *olho de Hórus,* aquele olho do filho, que cura a cegueira parcial do pai Osíris, provocada por Seti. A autonomia do olho de Deus apresenta-se, para nós, também na iconologia cristã.

É inevitável que os produtos do inconsciente (coletivo), isto é, os 646
quadros que de forma inequívoca acusam caráter mitológico, sejam alinhados dentro do seu contexto simbólico-histórico, pois eles constituem a linguagem inata da psique e da sua estrutura e, de forma alguma, são aquisições individuais, no que se refere à sua forma básica. Apesar da sua capacidade predominante de conscientização e aprendizagem, a psique humana *é* um fenômeno natural; tal como a psique dos animais, ela tem suas raízes nos instintos inatos, que trazem consigo, *a priori*, suas próprias formas específicas, e com isso constituem hereditariedade exclusiva das espécies. A força de vontade e a intenção, como todas as diferenciações pessoais, são aquisições tardias que

devem a sua existência a uma consciência independente da simples instintividade. Onde quer que apareçam figurações arquetípicas, tentativas de explicação personalistas só podem levar ao caminho errado. A comparação simbólico-histórica, em compensação, não se revela proveitosa apenas por motivos científicos, mas também possibilita, de forma prática, uma compreensão mais profunda. A abordagem simbólico-histórica (amplificadora) fornece um resultado que, de início, dá a impressão de ser uma retradução para a linguagem primitiva. Isso seria verdadeiro se a compreensão através do inconsciente fosse exclusivamente intelectual, e não um assunto de totalidade. Em outras palavras, o arquétipo possui, ao mesmo tempo, além do seu modo formal de aparecimento, também uma qualidade numinosa, um valor sentimental que tem um efeito altamente prático. É claro que se pode estar inconsciente deste valor, reprimindo-o artificialmente, mas uma repressão tem consequências neurotizantes, de modo que o afeto, que apesar de tudo continua existindo, simplesmente força sua saída por um outro caminho, por um lugar impróprio, como estamos cansados de saber.

647   Como se demonstra pelo nosso sonho de forma evidente, o fenômeno dos Ovnis toca em substratos inconscientes, os quais, historicamente, sempre se expressaram através de *imagens numinosas*. São estas que fornecem uma interpretação ao acontecimento enigmático e deixam transparecer a sua existência numa luz significativa; digo significativa, porque não se trata somente de recordações históricas de substratos psíquicos ou de constatações comparativo-psicológicas, e sim, muito mais, de processos afetivos atuais.

648   Hoje, como nunca, por razões tecnológicas, dedica-se ao espaço aéreo e à esfera celeste uma atenção fora do comum. Isto é especialmente válido para o piloto, cujo campo de visão, por um lado, é dominado pelo complicado painel de comando, e por outro, pelo imenso vazio do espaço cósmico. Seu consciente está concentrado de forma unilateral em detalhes que exigem atenta observação; por outro lado, seu inconsciente força a encher o vazio interminável do espaço. Mas tanto sua disciplina quanto seu assim chamado "senso comum" não lhe permitem observar tudo aquilo que poderia emergir de dentro dele e ser perceptível como compensação do vazio e da solidão criados pelo voo distante da terra. Uma situação desta espécie repre-

senta uma condição ideal para fenômenos psíquicos espontâneos, como é sabido por qualquer pessoa que já tenha ficado à mercê da solidão, do silêncio e do vazio do deserto, do mar, das montanhas, e da selva. Racionalismo e banalização são, essencialmente, consequências da hipersaturação da necessidade de estímulos, que caracterizam as populações urbanas. O habitante da cidade procura sensações artificiais para fugir da sua banalidade; o solitário, ao contrário, não as procura, mas sem querer é assolado por elas.

Através das experiências de vida ascética e reclusa de eremitas, sabemos que, querendo ou não, isto é, sem a participação do consciente, surgem sintomas psíquicos espontâneos para compensar as necessidades biológicas do anacoreta: por um lado, quadros numinosos de fantasias, visões e alucinações, positivamente avaliados, e por outro, os mesmos, avaliados de forma negativa. Os primeiros surgem de uma esfera do inconsciente, sentida como esfera espiritual; os outros, evidentemente, do muito bem conhecido mundo dos instintos, onde pratos, taças cheias e fartas refeições saciam a fome; onde seres sedutores e voluptuosos se oferecem ao desejo sexual contido; onde quadros da riqueza e do poder mundano substituem a pobreza, o anonimato e a influência; e onde a assuada, o barulho e a música querem dar vida ao silêncio e à solidão insuportáveis. Mesmo que neste caso não fosse difícil falar de formações provocadas por desejos reprimidos, e assim explicar a projeção das fantasias, ainda assim a visão positivamente avaliada não poderia ser interpretada desta forma, já que ela não corresponde a um desejo reprimido, mas, ao contrário, a um desejo que está plenamente consciente, e por isso não pode produzir projeções. Um conteúdo psíquico só pode aparecer como projeção, quando a sua participação na personalidade do eu permanece desconhecida. Então, é melhor deixar a hipótese do desejo fora do jogo. [649]

O eremita procura alcançar uma experiência espiritual, e para este fim ele impõe sofrimento ao homem terreno. O mundo ferido dos instintos reage, naturalmente, com projeções indesejáveis, mas a esfera espiritual também responde com projeções de natureza positiva – de forma inusitada para a nossa razão científica. Como parece, a esfera espiritual não sofre necessidade alguma, sendo cultivada com a maior dedicação possível, através da oração, da meditação e de outros exercícios espirituais. Portanto, conforme as nossas condições, [650] ela não teria necessidade alguma de compensar-se. Na verdade a sua unilateralidade, que faz padecer o corpo, é compensada através da reação violenta do mundo dos instintos, mas o aparecimento espontâneo de projeções positivas, isto é, de imagens numinosas de sentido correspondente, é concebido como misericórdia e revelação divina, também confirmadas como tais, através dos conteúdos da visão. Como parece, esta visão se comporta, psicologicamente, como a dos instintos carentes, apesar do fato evidente de que o santo faz de tudo para alimentar e cuidar da sua espiritualidade. Ele não mortifica o homem espiritual, e, portanto, não pode necessitar de compensação neste sentido.

651 Se, face a este dilema, nos ativermos à teoria da compensação, que na práxis tem dado bons resultados, somos obrigados a aceitar a suposição paradoxal de que a situação espiritual do eremita, apesar de parecer o contrário, é uma situação de carência, que necessita de uma compensação correspondente. Assim como, por exemplo, a fome física é, pelo menos figurativamente, saciada ao ver uma maravilhosa refeição, assim acontece com a fome da alma, ao olhar quadros numinosos. Mesmo assim, não conseguimos compreender que a sua alma passe fome. O anacoreta dedica até a sua vida inteira para conseguir o *panis supersubstantialis*, o pão supersubstancial, que é o único que sacia a sua fome, tendo, ao mesmo tempo, a fé, a doutrina e os meios de misericórdia da Igreja à sua disposição. Em que, então, ele deveria passar necessidade? Mas, de fato e de verdade, ele não está, com isso, alimentado, e o seu desejo insaciável não está preenchido. O que evidentemente ainda lhe falta é o verdadeiro acontecimento, a *experiência imediata* da realidade espiritual, não importando a forma com que se apresente. Se esta se apresentar aos seus olhos de forma mais ou menos concretista, ou simbólica, tem, por enquanto, pouco significado. Pois ele não espera a palpabilidade física de algo terreno, e, sim, a sublime intangibilidade de uma visão espiritual. Esta experiência é, em si, uma compensação, avaliada acima de tudo, pela falta de conteúdo e pelo vazio das formas tradicionais. Realmente aparece, sem que ele a tenha criado, uma imagem numinosa que é tão "efetiva" (porque tem "efeito") quanto as ilusões dos seus instintos atormentados. Mas, para ele, esta imagem é tão desejável pela sua realidade e espontaneidade quanto lhe são indesejáveis as

ilusões do seu mundo sensorial. Enquanto os conteúdos numinosos se utilizam de formas mais ou menos tradicionais, não há motivo para preocupação. Mas, quando revelam o seu arcaísmo, através de características chocantes e fora do comum, o assunto passa a ser duvidoso e constrangedor. Daí, surge a dúvida se, no fundo, as imagens não seriam tão ilusórias quanto as alucinações do mundo sensorial. Assim, pode ocorrer que, uma revelação, que inicialmente parecia ser de origem divina, seja posteriormente maldita como *diabolica fraus* (fraude diabólica). O critério de diferenciação é unicamente a tradição, e não a realidade ou irrealidade, como seria no caso de uma refeição real e de uma refeição ilusória. A visão é um fenômeno psíquico, bem como os seus conteúdos numinosos. Espírito responde a espírito, enquanto que, no caso do jejum, a resposta à falta de alimento é dada através de uma alucinação, e não através de uma refeição real. No primeiro caso, a conta é paga através de dinheiro vivo, enquanto que, no segundo, através de um cheque sem fundo. Por isso, num caso a solução é satisfatória, mas no outro, evidentemente insuficiente.

Mesmo assim, a estrutura do fenômeno é a mesma. Em caso de fome física, o homem precisa de comida real e, em caso de fome espiritual, precisa do conteúdo numinoso que, conforme a sua natureza, é arquetípico, tendo desde sempre representado uma revelação natural; tanto que a simbologia cristã se baseia, como todos os outros conceitos religiosos, em moldes arquetípicos que recuam até a pré-história. O caráter de totalidade original da simbologia inclui todo tipo de interesses e instintos humanos, o que garante a numinosidade do arquétipo. Por isso, deparamos, na ciência comparativa das religiões, com a associação de aspectos religioso-espirituais com aqueles da sexualidade, da fome, dos instintos de luta e poder etc. Uma fonte especialmente abundante para a simbologia religiosa é sempre aquele instinto que na época está mais em evidência, respectivamente, aquele que mais preocupa o indivíduo. Existem sociedades nas quais a fome é mais importante que a sexualidade, e outras, nas quais acontece o contrário. Por exemplo, a civilização nos incomoda menos com tabus de alimentação do que com a restrição sexual. Na sociedade moderna, esta detém até o papel de uma divindade ofendida, que indiretamente sabe impor o seu direito em todos os campos possíveis, até mesmo no campo da psicologia, onde se procura reduzir o espírito a uma repressão sexual.

653   Porém, em parte, a interpretação do simbolismo em termos sexuais deve ser levada a sério. Se o esforço de alcançar metas espirituais não é um instinto genuíno, e sim meramente a consequência de certo desenvolvimento social, então, uma explicação baseada em princípios sexuais é a mais adequada e a que mais se encaixa no raciocínio. Porém, se ao anseio por totalidade e unidade for atribuído o caráter de um instinto genuíno, e a sua explicação for baseada, principalmente, neste princípio, mesmo assim permanece o fato de haver uma associação do instinto com o anseio de totalidade. Com exceção da preocupação religiosa, nada desafia o homem moderno de forma mais consciente e pessoal do que a sexualidade. Mas pode-se também afirmar, em sã consciência, que o instinto de poder é aquele que se apodera do homem em medida ainda pior. Esta questão é decidida conforme o temperamento e a condição subjetiva. O único fato indubitável é que o mais importante dos instintos fundamentais, a saber, o instinto religioso de totalidade, desempenha na consciência comum hodierna o papel mais insignificante, porque, sob o ponto de vista histórico, ele só consegue livrar-se, com muita dificuldade, e sob constantes recaídas, da associação e contaminação com os outros dois instintos. Enquanto estes podem recorrer constantemente a fatos de todo dia conhecidos por todos, o outro precisa, para a sua evidência, de uma consciência muito mais diferenciada, de circunspecção, de reflexão, de responsabilidade e de outras virtudes mais. Por este motivo, ele não se recomenda absolutamente ao homem de impulsos naturais, relativamente, já que ele está preso ao mundo que lhe é conhecido, e se apega aos lugares comuns e ao evidente, ao que é provável e coletivamente válido, seguindo o lema: "Pensar é difícil, por isso a maioria é quem decide!" Ele considera um notável alívio da sua existência, quando algo aparentemente complicado, incomum, difícil de ser compreendido, que ameaça trazer problemas, pode ser relacionado com algo costumeiro, até mesmo banal, ainda mais se a solução parecer surpreendentemente simples, e além do mais, engraçada. Como meio mais próximo de explicação, ele dispõe da sexualidade e do instinto de poder, que sempre estão presentes em todo lugar. A redução a estes dois instintos básicos dominantes proporciona ao intelecto de orientação racionalista e materialista uma satisfação geralmente mal disfarçada, que não deve ser subestimada: os racio-

nalistas e materialistas ante uma dificuldade incômoda, tanto intelectual como moral, podem desfrutar da sensação de tê-la resolvido de forma clara e profunda, e com a agradável sensação de ter realizado um trabalho útil de elucidação, em benefício da libertação do indivíduo, de uma carga moral e social supérflua. Aos protagonistas da elucidação acena-se com a fama de um benfeitor da humanidade. Mesmo assim, olhando de perto, o assunto se apresenta sensivelmente diferente: a libertação para o indivíduo de uma tarefa difícil e, por enquanto, aparentemente sem solução, desloca a sexualidade para uma situação ainda pior, isto é, para uma repressão racionalista, ou para um cinismo que destrói a alma; e o instinto de poder, para um idealismo socialista que já conseguiu se impor na metade do mundo, como prisão estatal do comunismo. Com isso, justamente aquilo que o anseio por totalidade quer propriamente alcançar, a saber, a libertação do indivíduo, é invertido através da pressão exercida pelos outros dois instintos. A tarefa proposta volta com as suas energias, sem ter sido solucionada, reforçando as exigências dos outros dois instintos – que, desde sempre, impediram, num grau quase patológico, um desenvolvimento mais elevado do ser humano. Em todo caso, ela tem um efeito neurotizante, que é característico da nossa época e que, no fundo, tem a maior parte da culpa na divisão do indivíduo e do mundo em geral. As pessoas não querem mesmo reconhecer a existência da *sombra,* e, assim, a mão direita não sabe o que a esquerda faz.

654 Daí é que a Igreja, tendo reconhecido acertadamente a situação, visou a sexualidade praticamente como o inimigo principal, perseguindo-a por todos os cantos, apesar de considerar os pecados sexuais como "permissíveis". Com isso, ela provoca uma consciência sexual mais aguçada, que está fora do alcance dos intelectos mais fracos, mas que favorece o pensamento e a ampliação da consciência dos mais fortes. A suntuosidade mundana da Igreja católica, censurada pelos protestantes, tem a evidente finalidade de apresentar de forma visível ao instinto de poder o poder do espírito, fato que tem um efeito infinitamente maior que o melhor argumento lógico, o qual ninguém está disposto a seguir. Só frações de um milésimo da população são capazes de aprender refletindo. Todo o resto consiste na força sugestiva do visual.

52 Obra Completa – Vol. 10/4

655   Depois desta divagação, voltamos novamente ao problema da interpretação sexual. Se tentarmos definir a estrutura psicológica da experiência religiosa, isto é, da experiência integradora, curadora, salvadora e abrangente, parece que a fórmula mais simples que podemos encontrar é a seguinte: *Na experiência religiosa, o homem se depara com um outro ser, espiritual superpoderoso.* Sobre este poder existem somente afirmações, mas nenhuma prova lógica ou física. Ele se apresenta ao homem vestido de forma psíquica. Mas também não se pode forçar a afirmação de que ele seja exclusivamente espiritual, já que a experiência nos obrigaria imediatamente a desmentir tal tipo de opinião, particularmente no momento em que a visão reveste frequentemente a forma da sexualidade conforme a disposição psíquica do indivíduo, ou de um outro impulso não espiritual. Somente uma força suprema, não importando a expressão de que se utilize, pode provocar o ser humano como um todo e obrigá-lo a reagir como uma totalidade. Não se pode provar que tais acontecimentos existam, ou devam existir. Também não há provas de que eles sejam algo mais do que acontecimentos psíquicos[9], já que para o espectador sua evidência se baseia, exclusivamente, em afirmações e confissões. Considerando a flagrante subestimação da alma, que caracteriza a nossa época predominantemente materialista e estatística, isto soa como uma condenação da vivência religiosa. Consequentemente, o raciocínio médio procura refugiar-se na descrença ou na credulidade, pois a "alma" é para ele algo como um vapor não palpável. Ou existem provas claras, ou, então, não é mais do que uma ilusão, provocada por sexualidade reprimida ou por uma compensação de um complexo de inferioridade. Em contrapartida, eu propus que se reconhecesse, na alma, uma realidade própria, já que, na verdade, apesar dos progressos da química, ainda não chegamos ao ponto de poder explicar a consciência através da bioquímica. Pelo contrário, a química tem que admitir que as suas leis não conseguem sequer explicar o processo seletivo da assimilação de alimentos e muito menos a autorregulação e autopreservação do organismo. Seja como for a realidade da alma, ela me parece coincidir plenamente com a realidade da vida, e, além do mais, estar relacionada com as leis que governam o mundo inorgânico. E, fi-

---

9. Também não há prova alguma de que sejam somente psíquicos.

Um mito moderno sobre coisas vistas no céu　　　　　　53

nalmente, é dotada de uma característica que tanto gostaríamos de ignorar, e é aquele fator que relativiza o tempo e o espaço, e que a parapsicologia está empenhada em pesquisar.

Desde a descoberta do inconsciente empírico, a psique, e aquilo que acontece dentro dela, tornou-se um fato natural e não mais uma opinião arbitrária (o que ela seria, se a sua manifestação se originasse na intenção de um consciente sem base). Mas o consciente, com a sua agilidade caleidoscópica, baseia-se, como sabemos, graças à descoberta do inconsciente, sobre o fundamento, digamos, estático, ou, pelo menos, altamente conservador, dos instintos e das suas formas específicas, os arquétipos. Este mundo dos substratos psíquicos[10] revela-se como um adversário do consciente, que com a sua mobilidade (capacidade de aprender), muitas vezes corre o perigo de perder suas raízes. Em consequência desta experiência, os homens se sentem, desde tempos imemoriais, obrigados a encenar rituais, que têm a finalidade de assegurar a cooperação do inconsciente. Num mundo primitivo, não se deixa de considerar os deuses, os espíritos, o destino e as características mágicas do lugar e do tempo, que são lembrados constantemente, com a certeza de que a vontade própria do ser humano representa só uma fração da totalidade de uma situação. A atitude do homem primitivo tem um caráter de totalidade, da qual o homem civilizado tenta se livrar, como de uma carga supérflua. Parece-lhe que se pode viver sem ela.

656

A grande vantagem desta atitude está em parte no desenvolvimento do consciente discriminante, mas, por outro lado, tem a desvantagem, em proporção quase equivalente, de dissolver a totalidade original do homem em funções autônomas, antagônicas entre si. A diferenciação da consciência orientada pelos instintos é inevitável; mas, da mesma forma, são inevitáveis, ao lado das vantagens, as desvantagens que consistem na fragmentação da totalidade original. Esta perda é sentida em medida crescente nos últimos tempos. Quero

657

---

10. Aqui, devo pedir ao leitor cuidado com a falsa ideia muito comum de que estes substratos sejam "metafísicos". Esta concepção seria uma grande imprudência, cometida até por pessoas cultas. Trata-se muito mais de instintos, que não só influenciam o comportamento externo, mas também a estrutura psíquica. A psique não é uma fantasia proposital, e sim um fato biológico, sujeito às leis da vida.

só lembrar a experiência de erupção dionisíaca de Nietzsche e daquela corrente na filosofia alemã, cuja manifestação mais nítida é certamente o livro de Klages, *Der Geist als Widersacher der Seele* (O intelecto como adversário da alma). Através da cisão, as funções do consciente são diferenciadas uma a uma, podendo escapar do controle das outras funções, na medida em que alcançam um tipo de autonomia e constroem um mundo próprio delas, onde as outras somente são aceitas, desde que se deixem subjugar pela função dominante. Mas, com isso, o consciente perde o seu equilíbrio: se o intelecto predominar, então, o julgamento de valor dos sentimentos tem que recuar, e vice-versa. Quando domina a sensação, a *fonction du reél*, a intuição, é desprezada acima de tudo, pois é esta a que mais frequentemente ignora os fatos palpáveis; por outro lado, uma intuição preponderante vive num mundo de possibilidades incertas e improváveis. Com um desenvolvimento desta espécie, tornam-se possíveis a especialização útil, mas também a odiosa parcialidade.

658 É a nossa capacidade de sermos parciais que agora nos convida a ver as coisas de um único ângulo, e, se possível, a reduzi-las a um único princípio. No campo da psicologia, um posicionamento destes leva fatalmente a explicações que se situam ao nível da parcialidade. Por exemplo, em caso de extroversão predominante, o todo da psique é atribuído às influências do meio ambiente; em caso de introversão, à disposição hereditária psicofísica e aos fatores intelectuais e sentimentais que lhe correspondem. Ambos têm a tendência de mecanizar o aparelho psíquico. Quem tentasse deixar prevalecer ambas as formas de reflexão, na mesma medida, seria acusado de ser insuficientemente claro. Ambos os pontos de vista deveriam ser aplicados, mas o resultado seria uma série de frases paradoxais. Por isso, para se evitar a constrangedora multiplicidade de princípios explicativos, um dos instintos básicos, facilmente reconhecíveis, é favorecido em detrimento dos outros. Nietzsche baseia tudo sobre o poder, Freud sobre o desejo e sua frustração. Se em Nietzsche o inconsciente pelo menos se torna um fator claramente perceptível, e, em Freud, uma condição *sine qua non*, sem no entanto jamais se livrar do caráter de valor secundário – o de ser "nada mais" que repressão – em Adler a visão se restringe a uma psicologia subjetiva e jactanciosa ("Psicologia individual!"), onde o inconsciente nem é cogitado como um fator

Um mito moderno sobre coisas vistas no céu   55

possivelmente decisivo. A "psicanálise" de Freud teve a mesma sina na atuação de seus discípulos. As significativas tentativas de Freud a respeito de uma psicologia do inconsciente detiveram-se num só arquétipo, o "complexo de Édipo", e não foram mais desenvolvidas pelos seus discípulos mais próximos.

A evidência do instinto sexual, no caso do complexo de incesto, **659** é tão óbvia que uma inteligência com uma visão filosófica restrita do mundo poderia sentir-se satisfeita. Isto vale, da mesma forma, para a vontade subjetiva de poder, em Adler. Ambos estão presos à premissa instintiva, onde um não deixa espaço para o outro, e que conduz, obrigatoriamente, ao beco sem saída da explicação fragmentária do especialista. Por outro lado, a promissora tentativa inicial de Freud permitia o acesso à história da fenomenologia psíquica, bem documentada, o que nos proporciona *um* quadro aproximado da totalidade da psique. A psique não se manifesta somente no âmbito subjetivo do indivíduo, e sim, muito além disso, nas manifestações psíquicas coletivas cuja existência Freud pressentiu, com razão, como demonstra, por exemplo, o conceito do "superego". Método e teoria permaneceram por demasiado tempo nas mãos dos médicos, que por força das circunstâncias sempre têm que se ocupar de indivíduos com problemas pessoais prementes. Uma investigação fundamental, envolvendo uma pesquisa histórica, está naturalmente, por enquanto, fora de sua perspectiva, e tanto a sua formação científica quanto a sua atividade prática não o ajudam, quando ele quer se aprofundar no conhecimento psicológico. Por isso é que Freud se sentiu obrigado a passar por cima da fase verdadeiramente penosa da psicologia comparativa, para enfrentar a pré-história insegura da psique humana, que além de tudo está cheia de conjeturas. Com isso, perdeu a firmeza das fundações e a orientação dos conhecimentos dos etnólogos e historiadores, transferindo as descobertas adquiridas nas consultas do neurótico moderno diretamente para o campo da psicologia primitiva. Ele não se apercebeu suficientemente de que, sob certas condições, a ênfase se desloca e outras dominantes psíquicas começam a atuar. A escola freudiana estacionou no tema de Édipo, isto é, no arquétipo do incesto, e desta forma num conceito preponderantemente sexualista, sem reconhecer, absolutamente, que o complexo de Édipo é um assunto exclusivamente masculino, que a sexualidade não é o único fator dominante no processo psíquico, e que o incesto, devido à implicação do instinto religioso, é muito mais uma expressão deste do que, ao contrário, a sua causa. Não quero mencionar as minhas pesquisas neste sentido, já que, para a maioria, elas permaneceram um livro fechado a sete chaves. Isto não deve ser mal interpretado, pois até mesmo Freud, apesar do seu "complexo de Édipo", não conseguiu conceber a legitimidade do meu ponto de vista. Sua orientação "psicanalística" ficou presa na teoria sexual.

680   A hipótese sexual possui, sem dúvida, uma notável capacidade de persuasão, porque ela coincide com um instinto principal. O mesmo acontece com a hipótese do poder, que pode recorrer a impulsos que não somente caracterizam certos indivíduos, mas que, também, formam as bases para aspirações políticas e sociais. Uma discussão, ou até mesmo uma conciliação entre ambos os posicionamentos não podem ser vislumbradas em lugar algum, a não ser que a natureza particular do si-mesmo, que abrange tanto o indivíduo quanto a comunidade, seja reconhecida. Como demonstra a experiência, os arquétipos possuem a característica da transgressividade, isto é, eles se manifestam eventualmente como se pertencessem tanto à comunidade quanto ao indivíduo; por isso, eles são numinosos e contaminadores (é o apreendido que apreende). A transgressividade provoca em certos casos, não muito raros, coincidências que fazem sentido, isto é, fenômenos sincronísticos acausais, como, por exemplo, os resultados de ESP de Rhine[11].

661   Os instintos são parte da totalidade viva. Eles estão ordenados e subordinados à totalidade. A sua liberação como entidades independentes favorece o caos e o respectivo niilismo, porque elimina a unidade e totalidade do indivíduo, levando-o à destruição. No entanto, a tarefa do psicoterapeuta deveria ser a conservação ou restauração desta unidade no sentido mais elevado. A finalidade da educação não pode ser a criação de racionalistas, materialistas, especialistas, técnicos, ou outros similares que, inconscientes da sua origem, se precipitam abruptamente no presente, contribuindo para a fragmentação e desestruturação da sociedade. Assim também nenhuma psicoterapia

---

11. Cf. os trabalhos de J.B. Rhine [*Extra-Sensory Perception* e *New Frontiers of the Mind*].

Um mito moderno sobre coisas vistas no céu   57

que restringe seu campo de visão a um único aspecto pode levar a resultados satisfatórios de cura. Contudo, a tendência para isso é tamanha e o perigo da perda do instinto, dentro da civilização moderna, é tão premente, que qualquer manifestação instintiva, deve ser cuidadosamente observada, já que ela faz parte do quadro da totalidade, sendo, portanto, indispensável para o equilíbrio do ser humano.

Por estes motivos, o aspecto sexual do fenômeno dos Ovnis merece a nossa atenção, pois ele indica que um instinto tão poderoso como o da sexualidade participa da estrutura da manifestação. Presumivelmente, não é por acaso que, em um sonho, aparece um símbolo feminino, e no outro, um símbolo masculino, de acordo com os relatórios sobre Ovnis, em forma de lente e de charuto, pois, onde aparece um, é de se esperar que apareça o outro que lhe corresponde. **662**

A visão é um símbolo, que consiste não apenas de formas arquetípicas de pensar mas, também, de elementos instintivos podendo, assim, exigir um direito legítimo de "realidade". Este símbolo não é somente "histórico", mas também atual e dinâmico. Daí resulta que ele não atinge o homem somente nas suas fantasias tecnológicas conscientes, ou na sua especulação filosófica, mas, também, no fundo da sua natureza "animal". É isso mesmo o que se espera de um verdadeiro símbolo, ou seja, que ele expresse e atinja o homem todo. Por mais insatisfatória que seja uma interpretação do ponto de vista sexual, neste caso, a contribuição vinda desta parte não pode ser ignorada, e sim devidamente registrada. **663**

Também o instinto de poder se manifesta em ambos os sonhos: a sonhadora aparece numa situação única, de destaque, escolhida, até, como alguém cujo semblante é queimado pelo fogo divino. Ambas as interpretações – enquanto exijam exclusividade – eliminam o sentido simbólico dos sonhos e excluem o indivíduo em favor da manifestação do instinto. Mais uma vez se constata a insignificância do indivíduo, por um lado, e, pelo outro, a superioridade do instinto. Para quem ainda não sabia disso, esta afirmação significa, sem dúvida, uma novidade impressionante. Mas a nossa sonhadora, de maneira alguma, entra na categoria das mentes ingênuas. Por isso, seria inoportuno reduzir, desta forma, o sentido de seu sonho. Pelo contrário, ela pertence ao número daquelas pessoas modernas que compreen- **664** dem o que significa a anulação das metas individuais. A sensação paralisante da insignificância, e de estar perdido, é compensada através do sonho: ela é a única que resiste ao pânico e reconhece a sua causa. Ela é o alvo do fenômeno extraterrestre, que faz com que ela sinta o seu poder através de marcas visíveis. Ela é destacada como a "escolhida". Um gesto destes do inconsciente, naturalmente, só pode ter utilidade quando sentimentos de inferioridade e a falta de sentido de uma vida meramente funcional ameaçam sufocar a personalidade.

665   O nosso sonho é um paradigma do medo e da insegurança, amplamente difundidos entre as pessoas mais entendidas do nosso tempo, e mostra, da mesma forma exemplar, a compensação que brota do inconsciente.

Sonho 3

666   Este sonho constitui um segmento de um sonho mais comprido. Ele foi sonhado e registrado há aproximadamente seis anos, por uma paciente de quarenta e dois anos. Naquela época, ela não tinha ouvido falar absolutamente nada sobre "discos voadores" e coisas semelhantes. Sonhou *que estava no jardim, quando, de repente, sobre ela, soou um zumbido de motor. Ela se sentou sobre o muro do jardim para ver "o que é que estava acontecendo". Uma figura preta, metálica, aparece e gira sobre ela: é uma grande aranha voadora, metálica, com grandes olhos escuros. Ela tem forma redonda. É uma nova aeronave, única em sua espécie. Do corpo da aranha, sai festivamente uma voz alta e clara, que diz uma prece destinada a ser uma exortação, um aviso dirigido a todos, tanto àqueles da terra, quanto aos ocupantes da aranha. O sentido da prece é: "Guie-nos para baixo e mantenha-nos (seguros) embaixo... carregue-nos para a altura!" Encostado no jardim, há um grande edifício público, no qual são tomadas decisões internacionais. A aranha voa num admirável voo baixo perto das janelas, certamente com a finalidade de influenciar os ocupantes da casa com a sua fala, e indicar-lhes o caminho que possibilita a paz, o caminho para o mundo interior, cheio de mistérios. Eles devem tomar decisões conciliadoras. Mais alguns outros espectadores estão no jardim. Nossa espectadora se sente um pouco constrangida, por não estar completamente vestida.*

Comentário do sonho 3

Na parte do sonho que precede o segmento citado, foi constata- 667
do que a cama da sonhadora está encostada no muro do jardim.
Então, ela tinha dormido sob céu aberto, o que sugere que ela ficou,
durante e após o sono, exposta à "natureza aberta"; isto é, psicologicamente, ao inconsciente coletivo impessoal, que representa uma
correspondência com o nosso meio ambiente natural, e no qual se
encontra projetado constantemente. O muro pretende significar um
limite, que separa o meio mais próximo da sonhadora, do mais distante (edifício público). Aparece uma "figura metálica" redonda, que
é caracterizada como uma "aranha voadora". O Ovni corresponde a
esta descrição. Quanto à caracterização como "aranha", devemos
lembrar a hipótese de que os Ovnis são uma espécie de insetos origi-
nários de outro planeta e possuem uma carcaça de brilho metálico.
Uma analogia com isso seriam as carcaças de quitina, dos nossos be-
souros. Cada Ovni seria um animal[12]. Devo confessar que, durante a
leitura dos numerosos relatórios, também me veio a ideia de que o
comportamento peculiar dos Ovnis lembra, de forma mais imediata,
o de certos insetos. Se quiséssemos especular sobre uma suposição
como esta, haveria a possibilidade de que a natureza fosse capaz de
utilizar o seu "saber" – em condições de vida adequadas – numa outra
direção, além da produção fisiológica de luz e outras coisas semelhantes; na *antigravitação*, por exemplo. De qualquer forma, a nossa
fantasia tecnológica anda, em muitos casos, mancando atrás da fantasia da natureza. Todas as coisas da nossa experiência estão sujeitas à
gravitação, com uma grande exceção, a psique. Ela é a própria experiência de ausência de peso. O "objeto" psíquico e a gravitação são,
conforme o nosso conhecimento, incomensuráveis. Eles parecem
ser, em princípio, diferentes. A psique representa o único oposto da
gravitação conhecido por nós. Ela é uma antigravitação, no sentido
verdadeiro da palavra. Para confirmar este pensamento, podemos recorrer também às experiências da parapsicologia, como, por exemplo,

---

12. Sievers (op. cit., p. 156s.) menciona a hipótese de Gerald Heard de se tratar de
uma espécie de abelhas do planeta Marte (*The Riddle of the Flying Saucers*). H.T. Wilkins (op. cit., p. 133) menciona um relatório sobre uma queda (chuva) de fios, que viriam
de aranhas desconhecidas.

a levitação e outros fenômenos psíquicos, que tornam o tempo e o espaço relativos e ainda são negados apenas pelos ignorantes.

668   Obviamente, uma fantasia inconsciente deste tipo formou a base para a "aranha voadora". Também a literatura dos Ovnis faz alusão à aranha voadora, quando explica a suposta chuva de fios em Oloron e Gaillac[13]. Por sua vez, o sonho não pode deixar de permitir que a fantasia tecnológica se refira a uma aeronave "nova e única na sua espécie".

669   A natureza psíquica da aranha se revela no fato de ela conter uma *voz*, que evidentemente parte de um ser semelhante ao homem. Este fenômeno particular lembra acontecimentos parecidos, ocorridos com doentes mentais, que podem ouvir vozes vindas de algum corpo qualquer. "Vozes" são como visões, manifestações autônomas provocadas pela atuação do inconsciente. As "vozes do éter" aparecem também na literatura dos Ovnis[14].

670   Observe-se o destaque dos *olhos* que veem e expressam a intenção, o "propósito de ver". O propósito se revela através da voz, cuja mensagem é dirigida, por um lado, aos habitantes da Terra, e, por outro, aos "ocupantes da aranha". De forma inconsequente, aparece aqui a outra possibilidade, supostamente provocada pela associação "aeronave", que é a de uma máquina que transporta passageiros. Estes são claramente imaginados, no mínimo, parecidos com o homem, pois a mesma mensagem é destinada tanto a eles quanto aos homens. Daí poder-se-ia supor que ambos fossem, simplesmente, aspectos diferentes do ser humano, como, por exemplo, o homem empírico lá embaixo, e o homem espiritual lá em cima, no céu.

671   A mensagem críptica, isto é, a prece, é dita por uma única voz, provavelmente por um orador ou pregador. Ele se dirige àquilo que guia e carrega; certamente, à aranha. Em consequência disto, nos vemos na obrigação de analisar o símbolo da aranha mais detalhadamente. Como é sabido, este animal, praticamente inofensivo nos nossos meridianos, é, para muita gente, objeto de horror e de valor supersticioso (*"araignée du matin – grand chagrin; araignée du soir –*

---

13. MICHEL, A. Op. cit.
14. WILKINS, H.T. Op. cit., p. 138.

grand espoir"). Quando alguém não está bom da telha (cérebro), ele "tece"[14a] e tem "teia de aranha debaixo da telha" (como se diz em alemão). O horror que a aranha provoca foi muito bem descrito por nosso patrício, Jeremias Gotthelf, em seu livro *Schwarze Spinne* (Aranha negra). A aranha e todos os outros animais que têm sangue frio ou não possuem um sistema nervoso cerebrospinal funcionam no sonho como símbolos, que desempenham o papel de representantes de um mundo psíquico profundamente desconhecido para nós. Pelo que posso ver, na maioria das vezes, eles exprimem conteúdos, que, apesar de ativos, durante muito tempo ainda não têm capacidade de chegar à consciência, ou seja, de certa forma, ainda não entraram no campo do sistema nervoso cerebrospinal, como que perdurando no mais profundo sistema nervoso do simpático e do parassimpático. Assim, lembro-me do sonho de um paciente que sentia as maiores dificuldades e mostrava as maiores resistências à ideia de uma totalidade superior e decisiva da psique. Ele tinha captado este pensamento durante a leitura de um dos meus escritos, e, caracteristicamente, não podia diferenciar o "eu" do "si-mesmo"; em decorrência de uma carga hereditária, estava ameaçado de uma inflação patológica. Nesta situação, ele teve este sonho: *à procura de alguma coisa, ele vasculhava o sótão da casa. Nessa ocasião, descobriu, numa trapeira, uma teia de aranha maravilhosa, em cujo centro se via uma grande aranha cruzeiro. Era azul, e seu corpo brilhava como um diamante.*

O sonhador estava fortemente impressionado com este sonho. Também esse é, de fato, um comentário impressionante – em vista da sua hereditariedade – sobre a sua perigosa identificação com o si-mesmo. Em casos como este, existe, na realidade, uma fraqueza do eu, que nem de forma velada pode se dar ao luxo de ficar em segundo lugar. Isto destacaria, fatalmente, a própria pequenez, o que deve ser evitado a qualquer custo. Porém, ilusões são contrárias à vida, porque são mórbidas, e mais cedo ou mais tarde se tropeça nelas. Por

---

14a. Na mitologia grega, Aracné desafia a deusa Minerva na arte de tecer "... e levada pela louca confiança em sua habilidade, enfrentou o destino..." Minerva derrotou-a e castigou-a, transformando-a numa aranha. Na língua alemã, "spinnen" (fiar) é sinônimo popular de "estar louco". Aqui, foi usado o termo "tecer", por ser o termo mais usado para descrever a atividade da aranha [N.T.].

isso, o sonho tenta, por assim dizer, efetuar uma correção, a qual resulta, como o oráculo de Delfos, com dois sentidos. O sonho diz de certa forma: "Aquilo que o incomoda lá em cima, na cabeça (sótão), é – o que você não sabe – uma preciosidade rara. É como um animal estranho que, de forma simbólica, forma o centro de muitos círculos concêntricos, e por isso lembra o centro de um mundo, pequeno ou grande, tal como o olho de Deus, nas ilustrações medievais do universo". Face a uma confrontação deste tipo, a mente sadia lutaria contra a identificação com o centro, devido ao perigo da semelhança paranoica com Deus. Quem cai na teia desta aranha é emaranhado nos seus fios e roubado da sua própria vida. Ele é isolado dentro da comunidade humana. Esta não pode mais chegar até ele, e nem ele até ela. Ele cai na solidão do criador do mundo, que tudo é e que nada tem, além de si mesmo. Quando, além do mais, se tem um pai que é doente mental, então aparece o perigo de se começar a "tecer" (agir como louco), e é por isso que a aranha tem também um aspecto sinistro, que não pode ser negado.

673   A aranha metálica redonda da sonhadora tem, provavelmente, um significado parecido: evidentemente, ela já deve ter engolido vários seres humanos, e, consequentemente, as suas almas, e por isso poderia se tornar ameaçadora também para os habitantes da terra. É por esse motivo que a prece deveria levar a aranha, que, portanto, é reconhecida como "divina", a "guiar" as almas "para baixo", isto é, para a terra, e não para o céu, e "tê-las seguras embaixo", porque elas ainda não são espíritos "falecidos", mas seres terrenos vivos. Estes estão destinados a completar a sua existência terrena como tal, com convicção, sem se permitirem uma inflação espiritual, senão terminarão no ventre da aranha; em outras palavras, eles não devem colocar seu eu acima de tudo e assim elevá-lo como a máxima instância, mas antes estar constantemente cientes de que o eu não é o único senhor da casa, mas está rodeado por todos os lados daquele fator que chamamos de inconsciente. O que isto é, propriamente, não sabemos. Nós só conhecemos as suas manifestações paradoxais. Cabe a nós entender a natureza. De nada adianta sermos impacientes com ela, por ser tão "complicada" e incômoda. Não faz muito tempo, havia autoridades médicas que não "acreditavam" nas bactérias e, consequentemente, deixaram, só na Alemanha, perecer cerca de vinte mil mulhe-

Um mito moderno sobre coisas vistas no céu 63

res de febre puerperal, o que poderia, muito bem, ter sido evitado. As devastações psíquicas, ocasionadas pela intransigência intelectual dos "competentes", não aparecem nas estatísticas, levando à conclusão de que elas não existem.

A advertência para permanecer embaixo, no âmbito terrestre, é logo seguida de forma paradoxal pelo pedido "carrega-nos para a altura". Poder-se-ia pensar na palavra de Fausto: "Então, afunda! Eu também poderia dizer: sobe!"[15], se não fosse necessário considerar que a sonhadora separou claramente o "guiar para baixo" do "carregar para cima" através de um hiato. Desta forma, fica indicado aqui que se trata de uma sequência, e não de uma *coincidentia oppositorum* (coincidência dos opostos), porque, ao que parece, um processo moral entra em questão, ou seja, uma catábase e uma anábase: os sete degraus para baixo e os sete degraus para cima, o mergulho na cratera, e, a seguir, a elevação para a "estirpe divina", no mistério da transformação[16]. Também a missa começa com o *"confiteor... quia peccavi nimis"* (confesso... que pequei gravemente...) etc. A descida parece exigir um guia, porque para o homem não é fácil descer das alturas, nem permanecer embaixo. Em primeiro lugar, teme-se uma perda de prestígio social e, em segundo, a perda da autoconfiança moral, caso seja necessário confessar a si mesmo a própria miséria. É por isso que a autocrítica é contornada de maneira admirável, fazendo-se sermões ao outro, sem saber nada de si mesmo. É agradável não conhecer os próprios defeitos, pois, assim, nada perturba o brilho cor-de-rosa das ilusões. O "embaixo" é o chão da realidade, que existe, efetivamente, apesar de todas as ilusões. Descer até ele e permanecer ali parece ser de eminente importância, se considerarmos que, hoje em dia, o homem flutua um tanto acima do seu próprio nível. Esta conclusão genérica resulta do sonho, que mostra o problema através de um grupo de pessoas, caracterizando-o, assim, como um problema coletivo. O sonho visa até mesmo a humanidade inteira, pois a aranha voa o mais perto possível das janelas do edifício, onde são tomadas "decisões internacionais". Ela quer "influenciar" a as-

674

---

15. *Fausto*, 2ª parte, cena principal (Mefisto fala), p. 317.
16. Cf. JUNG, C.G. O símbolo da transformação na missa. In: JUNG, C.G. *Psicologia da religião ocidental e oriental*. Petrópolis: Vozes, 2011 [OC, 11; § 313, 344, 355].

sembleia que ali está reunida, e indicar-lhe o caminho que leva ao "mundo interior", ou seja, ao autoconhecimento. O sonho espera deste que "possibilite a paz". De acordo com isso, a aranha desempenha o papel de um salvador, que adverte e traz uma mensagem salvadora.

675   No final, a sonhadora descobre que está parcamente vestida. Este tema, que frequentemente aparece nos sonhos, geralmente mostra uma adaptação precária a uma relativa inconsciência sobre a situação em que se encontra a pessoa. O indício da própria falibilidade e negligência parece ser especialmente oportuno no momento em que outras pessoas são postas em evidência, pois, nestes casos, o perigo da arrogância é uma ameaça.

676   A advertência de "permanecer embaixo" provocou, na nossa época, uma variedade de preocupações teológicas. Teme-se, pois, que a psicologia, que aqui entra em questão, provoque um afrouxamento da postura ética. Porém a psicologia nos proporciona, em primeiro lugar, um conhecimento claro, não só do mal, como também do bem. Desta forma, o perigo de se entregar ao mal é menor do que quando se está inconsciente dele. Para conhecer o mal, nem sempre se precisa da psicologia. Quem anda pelo mundo com os olhos abertos não pode ignorá-lo; nem cai num buraco tão facilmente quanto um cego. Assim como, do ponto de vista teológico, a pesquisa do inconsciente é suspeita de gnosticismo, da mesma forma, a sua problemática ética é suspeita de antinomismo e libertinismo Ninguém supõe de sã consciência que, depois de uma profunda confissão dos seus pecados e consequente arrependimento, jamais volte a pecar. Pode-se apostar mil contra um que, num piscar de olhos, estará pecando novamente. Um conhecimento psicológico mais profundo demonstra até que não se pode viver sem pecar – "*cogitatione, verbo et opere*" (por pensamentos, palavras e obras). Só uma pessoa altamente ingênua e inconsciente pode presumir ser capaz de escapar ao pecado. A psicologia não se pode permitir mais semelhantes ilusões infantis, mas tem que obedecer à verdade, e até constatar que a inconsciência não somente não é uma desculpa, como, até mesmo, um dos piores pecados. A justiça humana pode até livrá-la da punição, mas, muito mais impiedosamente, vinga-se a natureza, que não se preocupa se se está consciente da culpa, ou não. Através da parábola do administrador infiel, podemos até mesmo saber que o senhor da casa elogiou

Um mito moderno sobre coisas vistas no céu 65

o criado que lhe apresentou um balanço falso, por ter "agido ponderadamente", sem falar daquele trecho (excluído) em Lc 6, onde Cristo diz àquele que violou o sábado: "Se sabes o que fazes, então, és bem-aventurado"[17] etc.

Um maior conhecimento do inconsciente equivale a uma vivência mais ampla e a uma conscientização maior, e, por isso, nos proporciona aparentemente novas situações que exigem decisões éticas. Estas, por certo, sempre existiram, mas foram intelectual e moralmente captadas de forma menos apurada e, muitas vezes, intencionalmente deixadas na penumbra. De certa forma, arranjamos com esta indiferença um álibi, e assim podemos fugir de uma decisão ética. Mas, se alcançamos um autoconhecimento mais profundo, muitas vezes nos defrontamos com os problemas mais difíceis, ou seja, com as *colisões de deveres,* que simplesmente não podem ser decididas por nenhum parágrafo, nem do Decálogo, nem de outras autoridades. Aliás, é só a partir daqui que as decisões éticas começam, pois o simples cumprimento de um "tu não deves..." codificado está longe de ser uma decisão ética; é simplesmente um ato de obediência e, em certos casos, até uma saída cômoda, que com a ética só se relaciona de forma negativa. Durante minha longa experiência, não enfrentei nenhuma situação que me tivesse sugerido uma negação dos princípios éticos, ou sequer uma dúvida a este respeito; ao contrário, conforme aumentaram a experiência e o conhecimento, o problema ético tornou-se mais premente e a responsabilidade moral se acentuou. Para mim, ficou claro que, contrariamente à compreensão geral, a inconsciência não representa uma desculpa, mas é muito mais um delito, no sentido próprio da palavra. Apesar de já se aludir a este problema no Evangelho, como foi mencionado, a Igreja não o tem levantado, por motivos compreensíveis, deixando-o, para que o gnosticismo se dedique a ele mais seriamente. Apoiamo-nos na doutrina da *privatio boni* e acreditamos saber com isso o que é bom e o que é mau; a decisão verdadeiramente ética, ou seja, *livre,* é substituída pelo código moral. Desta forma, a moralidade resvala para o comportamento de fidelidade às leis e a "*felix culpa*" permanece um assunto do paraíso.

677

---

17. HENNECKE, E. (org.). Op. cit., p. 11.

Admiramo-nos com a decadência ética do nosso século e contrabalançamos a estagnação, neste campo, com o progresso da ciência e da tecnologia. Mas não refletimos que, com tantas diretrizes morais, o *ethos* tem sido esquecido. Mas, o *ethos* é um assunto difícil que não se pode formular nem codificar, pois faz parte daquelas irracionalidades criativas, sobre as quais qualquer progresso verdadeiro está fundamentado. Ele solicita o homem *todo*, e não somente uma função diferenciada.

É certo que a função diferenciada está ligada ao homem, ao seu esforço, à sua paciência e perseverança, ao seu anseio pelo poder[17a], ao seu talento. Com isso, progride-se e "desenvolve-se". Daí, aprendemos o que significam progresso e desenvolvimento: são o esforço do homem, sua vontade e sua capacidade. Isso só de um dos lados, pois do outro, o homem é aquilo que é, e o que acha ser. Nisto, ele não pode mudar nada, pois depende de condições que estão fora do seu controle. Aqui, ele não é aquele que pode, e sim, um produto que não sabe mudar-se a si mesmo. Ele não sabe como ele apareceu, com a sua singularidade individual, e, além do mais, tem um conhecimento altamente precário de si mesmo. Até pouco tempo atrás, ele ainda pensava que a sua psique fosse constituída daquilo que ele sabe sobre si mesmo, e que fosse um produto do córtex cerebral. A descoberta dos processos psíquicos inconscientes, realizada há mais de meio século, ainda está longe de ser um fato comum e de ter o seu alcance reconhecido. O homem nem sequer sabe, por exemplo, que depende totalmente da cooperação do inconsciente, que é capaz até de interromper a próxima frase que ele está para dizer. Ele nem intui que é *carregado* por algo, enquanto se considera exclusivamente como o agente. Depende de uma entidade que ele não conhece e pela qual é carregado. Constrói porém desta entidade imagens que, nos tempos obscuros da pré-história, "ocorreram", ou – dizendo de forma mais adequada – revelaram-se a homens que há muito tempo foram esquecidos. De onde vieram? Certamente, dos processos inconscientes, do

---

17a. Por motivos óbvios, omitimos aqui uma observação entre parênteses, em que o autor diz textualmente: "Macht kommt von machen", isto é, "poder vem de fazer", o que só tem sentido em alemão [N.R.].

assim chamado inconsciente, que ainda continua a preceder o consciente em cada nova vida humana, como a mãe ao filho. O inconsciente se reflete em sonhos e visões, como sempre o fez, apresentando imagens que, contrárias ao funcionalismo fragmentário do consciente, destaca fatos que só aparentemente se referem a uma função de quase exclusivo interesse do homem, mas que, na realidade, se referem ao homem como um todo. Na verdade, os sonhos se expressam, geralmente, na sua "linguagem própria" – *"canis panem somniat, piscator pisces"*[18] – mas envolvem o todo, pelo menos aquilo que o homem ainda é, ou seja, um ser pronto e profundamente dependente.

Em seu ímpeto de liberdade, o homem sente uma rejeição quase que instintiva a um conhecimento desta espécie, pois teme, não sem razão, o seu efeito paralisante. Certamente, podemos admitir que exista essa tal dependência de poderes desconhecidos – não importando que nome se lhes dê – mas, logo nos distanciamos deles como de um obstáculo ameaçador. Enquanto tudo parece estar em ordem, um comportamento deste tipo pode até ser proveitoso, mas nem sempre tudo está tão bem, especialmente hoje em dia, em que, apesar da euforia e do otimismo, podemos perceber um tremor que abala os alicerces do nosso mundo. Certamente, a nossa sonhadora não é a única pessoa que está com medo. Em consequência disto, o sonho representa uma necessidade e uma advertência coletivas para descer à terra e não voltar a subir, a não ser que a aranha carregue para cima os que permaneceram embaixo. Enquanto o consciente é dominado pelo funcionalismo, é o inconsciente que contém o símbolo compensador da totalidade. Aqui, este se torna evidente através da imagem da aranha voadora. Ela carrega a unilateralidade e o estado fragmentário do consciente, não existindo possibilidade de desenvolvimento para cima, se o inconsciente não o permite. A vontade consciente, por si só, não pode forçar este ato criador. Para ilustrar isto o sonho escolhe o símbolo da *prece*. Já que, de acordo com o conceito de São Paulo, verdadeiramente não sabemos o que devemos pedir, a prece não significa nada mais do que um "suspirar", que exprime a nossa impotência. Com isso, aconselha-se uma postura que compense a su-

---

18. O cão sonha com pão, o pescador com peixes.

perstição a respeito da vontade e da capacidade humanas. Mas na imagem da aranha também se expressa uma regressão das ideias religiosas ao símbolo teriomorfo de um poder supremo, ou seja, um passo para trás para um estágio há tempo esquecido, onde uma serpente, um macaco, ou um coelho, personificavam o Salvador. O "cordeiro de Deus" dos cristãos, ou a "pomba" do Espírito Santo, podem reclamar, hoje em dia, no máximo o valor de uma metáfora. Mas, em contrapartida, devemos salientar que, no simbolismo do sonho, os animais insinuam processos instintivos, que, na biologia dos animais, desempenham um papel principal. São estes processos que condicionam e determinam o curso da vida de um animal, de forma decisiva. O homem parece não precisar dos instintos para o seu cotidiano, principalmente quando está convicto da onipotência da sua vontade. Ele ignora o significado do instinto, desvaloriza-o a zero e não enxerga o quanto põe em risco até mesmo a sua existência, através da perda do instinto. Se, a partir daí, os sonhos acentuam o instinto, então, eles estão procurando preencher uma lacuna perigosíssima em nosso desempenho de adaptação[18a].

680   Os afastamentos do instinto se manifestam através dos *afetos,* que nos sonhos também são representados por animais. Os afetos "não dominados" têm, com razão, a conotação de animalescos ou primitivos, e, por isso, devem ser evitados. Porém, sem repressão, isto é, sem a fragmentação do consciente, eles não podem ser contornados. Na verdade, não é possível fugir de seu poder. Em algum lugar eles continuam agindo, ainda que não possam ser detectados no consciente. Na pior das hipóteses, eles se manifestam numa neurose, ou num "arranjo" inconsciente de coincidências negativas "inexplicáveis". O santo que parece estar livre destas fraquezas paga suas conquistas à custa de sofrimento e abnegação do seu ser terreno. Sem

---

18a. Entende-se aqui o termo "afeto" no sentido de agitação do espírito, comoção, emoção, como ocorre na alegria, no medo, na raiva, no entusiasmo, na indignação, na vergonha, na tristeza. Os afetos muitas vezes produzem manifestações fortes e alterações espontâneas da respiração, das pulsações cardíacas, da coloração da face etc. Nos casos de fácil afetação crônica, dá-se uma transição a estados de espírito e de temperamento que vão da exaltação à depressão. Os afetos podem ser descarregados com a eliminação de inibições controladas nos comportamentos afetivos [N.R.].

Um mito moderno sobre coisas vistas no céu   69

isso, ele não seria um santo. A vida dos santos confirma esse fato. Nenhum deles se livra da série de sofrimentos que leva à doença, à velhice e à morte. Pelo amor à humanidade, devemos e podemos "dominar" o afeto, isto é, segurar suas rédeas, mas devemos estar cientes de que esta conquista custa caro. Por enquanto, até o tipo de moeda em que queremos pagar o tributo nos é dado a escolher.

O "permanecer embaixo" e a subordinação a um símbolo teriomorfo, que nos dão a impressão de um *crimen lesae maiestatis humanae* (crime de lesa-majestade humana), certamente significam apenas que devemos permanecer cientes das simples verdades e jamais ignorar o fato de que o homem terreno, apesar de todos os seus altos voos, é e continuará a ser um parente dos antropoides, no que se refere à anatomia e à fisiologia. O destino do homem sem dúvida é evoluir para algo mais elevado, sem que a sua natureza seja mutilada. Mas esta transformação não está em seu poder, pois depende de condições sobre as quais ele não pode influenciar. Ele tem que se contentar com saudades e "suspiros", com a esperança e a prece para que, talvez, algo o carregue para o alto, já que a tentativa muenchhauseana[18b] não quer dar certo, de forma alguma. Com esta postura, ele constela, no inconsciente, poderes que são, ao mesmo tempo, úteis e perigosos; úteis, quando ele os compreende, perigosos, quando os interpreta de maneira errada. Seja como forem denominados estes poderes e possibilidades, nada mudará o fato da sua existência. Ninguém pode negar ao homem religioso que ele chame, logicamente, estes poderes e possibilidades criativos de deuses e demônios, ou até, simplesmente, de "Deus". Conforme a experiência, esses poderes se comportam como tais. Quando muitos utilizam a palavra "matéria" neste contexto e acreditam ter dito algo com isso, temos que fazê-los pensar que eles colocaram um y no lugar do x, e que, com isso, estão no mesmo ponto de antes. Só temos certeza da nossa profunda ignorância, que nem sequer sabe se se aproximou da solução dos grandes enigmas, ou não. Para além do "parece como se..." , só se chega através do salto mortal da fé, que devemos deixar para o talentoso ou agraciado. Qual-

18b. Münchhausen é um personagem lendário que conseguia as façanhas mais fantásticas, como, por exemplo, voar sobre a bola de um canhão [N.T.].

Obra Completa — Vol. 10/4

quer progresso aparente ou real depende da experiência dos fatos, e a sua constatação, como se sabe, é uma das tarefas mais difíceis a que o intelecto humano se propõe.

Sonho 4

682   Enquanto eu me encontrava ocupado com a redação deste trabalho, um conhecido estrangeiro me enviou, inesperadamente, um sonho que ele teve a 27 de maio de 1957. O nosso relacionamento se restringe a uma carta a cada espaço de um a dois anos. Ele é um aficcionado da astrologia e se interessa por questões de sincronicidade. Ele não sabe da minha preocupação com Ovnis. Ele também não coloca seu sonho em relação alguma com o tema do meu interesse. Tanto o fato, como a sua decisão súbita, incomum, de me comunicar o sonho, pertencem muito mais à categoria das coincidências de sentido correspondente, que o preconceito estatístico rejeita.

683   O sonho diz o seguinte: *Era no fim da tarde ou início da noite, o sol se aproximava do horizonte. Ele estava coberto por um véu de nuvens, suficientemente fino para deixar transparecer o sol, como um disco. Ele era de cor branca. Esta brancura transformou-se, repentinamente, em uma palidez incomum, que se expandiu de forma assustadora por todo o horizonte ocidental. A palidez – e eu gostaria de salientar esta palavra – da luz do dia, tornou-se um vazio apavorante. Logo, um segundo sol apareceu no ocidente, na mesma altura do primeiro, só que um pouco mais para o norte. Mas, enquanto observávamos com especial atenção – muitas pessoas estavam ali, espalhadas num vasto campo, e, como eu, observavam o céu – aí, o segundo sol transformou-se em uma bola nítida, em contraste com o disco que inicialmente parecia ser. Ao mesmo tempo, com o pôr do sol e o início da noite, a bola aproximava-se da Terra, com velocidade.*

Com a chegada da noite, mudou o ambiente do sonho. Enquanto as palavras 'palidez' e 'vazio' descrevem de forma certa a impressão de dissipação da vida, da força e do potencial do sol, agora o céu adquiria o caráter de força e majestade, que despertava menos temor, muito mais reverência. Não posso afirmar ter visto estrelas, mas o céu noturno dava a impressão que uma fina camada de nuvens deixava, de vez em quando, transparecer uma ou outra estrela. Este espetáculo notur-

Um mito moderno sobre coisas vistas no céu 71

no tinha, certamente, um caráter majestoso, poderoso e belo. *Quando a bola estava se aproximando da Terra, em alta velocidade, pensei primeiro que era Júpiter, que tinha saído de sua órbita, mas, quando a bola chegou mais perto, vi que, apesar do seu tamanho, ela era muito pequena para ser um planeta como Júpiter. Devido à aproximação da bola, foi possível perceber umas marcas na sua superfície, certamente as linhas dos meridianos, ou algo parecido. Pela aparência, eram mais decorativas ou simbólicas do que geográficas ou geométricas. Devo salientar a beleza da bola, que podia ser vista em céu cinza esmaecido, ou branco opaco, em contraste com o céu noturno. Quando chegamos a perceber que ia acontecer uma terrível colisão com a Terra, sentimos, naturalmente, pavor; mas era um pavor no qual a reverência predominava. Era um acontecimento cósmico que suscitava uma admiração reverencial. Enquanto estávamos compenetrados neste espetáculo, apareceram uma segunda, uma terceira bola, e muitas outras mais, que se aproximavam em grande velocidade. Cada bola caía na Terra como uma bomba, mas, aparentemente, numa distância tão grande que eu nem conseguia reconhecer a natureza da explosão, detonação, ou fosse o que fosse. Num dos casos, pelo menos, me pareceu como se eu tivesse visto um relâmpago. Estas bolas caíam em intervalos, por todos os lados, ao nosso redor, mas, tão distantes, que o seu efeito destruidor não podia ser percebido. Aparentemente, existia um certo perigo de um efeito de schrapnell (granada de bolas), ou algo semelhante. Depois, devo ter ido para casa, onde eu me encontrava conversando com uma moça, sentada numa cadeira, tipo cesta. Tinha ela à sua frente um livro de anotações aberto e estava compenetrada no seu trabalho. Nós todos estávamos indo, como me parecia, em direção ao sudoeste, talvez para procurar uma região segura. Eu perguntei à moça se talvez não fosse melhor ela vir conosco. O perigo parecia grande, e nós não poderíamos deixá-la sozinha. Mas a sua resposta soava claramente: não, ela ficaria onde estava, e iria continuar o seu trabalho. De fato, todo lugar era igualmente perigoso, e assim, um lugar era tão seguro quanto o outro. Logo eu entendi que a razão e o raciocínio prático estavam do seu lado. No final do sonho, encontrei uma outra moça, ou, talvez, a mesma jovem, altamente competente e segura de si, que eu antes tinha visto sentada na cadeira tipo cesta, compenetrada no seu trabalho. Mas, a segunda moça era realmente mais alta, e sua imagem mais nítida, e eu podia ver o seu rosto. Ela também falava direta e claramente comigo. Ela disse, num tom muito seguro, pronunciando corretamente o meu nome e sobrenome: 'O senhor viverá até onze-oito'. Disse estas oito[19] palavras com clareza e nitidez insuperáveis, isto é, de uma forma tão autoritária, como se eu devesse ser censurado por não ter acreditado que viveria até onze-oito.*

Comentário do sonhador

684   A esta descrição detalhada, seguem-se observações do sonhador, que nos podem fornecer algumas indicações para a interpretação. Como é de se esperar, ele considera um ponto culminante do sonho a mudança repentina do ambiente no início do sonho, ou seja, a transformação da palidez e do vazio mortífero e aterrorizante do pôr do sol, em majestade poderosa do crepúsculo, e do pavor, em reverência. Como ele diz, isto estaria ligado à sua preocupação atual em relação ao futuro político da Europa. Ele teme, para o período de 1960 a 1966, a explosão de uma Guerra Mundial, de acordo com as suas especulações astrológicas. Ele até se sentiu na necessidade de escrever uma carta a uma personalidade política muito influente, a fim de expressar os seus receios. Neste caso, ele teve a experiência (que não é incomum) de que o seu estado de ânimo inicial, medrosamente agitado, se transformou, quase que subitamente, em uma notável tranquilidade, e até mesmo em indiferença, como se todo o assunto não tivesse mais nada a ver com ele.

685   No entanto, ele não consegue explicar, com isso, como é que o pavor inicial seja substituído, justamente, por um estado de ânimo, por assim dizer, solene. Mas ele tem certeza da sua suposição, de que, neste caso, se trate de um assunto coletivo, e não pessoal, e se pergunta se a nossa fé na cultura e na civilização, no fundo, não significam fraqueza, palidez e vazio, enquanto que o início da "noite" traz consigo a recuperação das forças e da vida. Neste contexto, porém, o atributo "majestade" fica difícil de ser encaixado. Ele se refere às "coisas que vêm do espaço extraterrestre" e "estão fora do nosso controle". Tem-se a vontade de dizer que "em linguagem teísta é extremamente impossível conhecer as determinações de Deus, e que, na eter-

---

19. Com nome e sobrenome.

nidade, a noite é tão significativa quanto o dia". Assim, a nós somente "é dada a possibilidade de nos submetermos ao ritmo da eternidade", do dia e da noite e, assim, seria "a majestade inexorável da noite, uma fonte de força", se acompanhássemos, passo a passo, as modificações da estrutura social. Aparentemente, o sonho sublinha o derrotismo característico através do *intermezzo* cósmico da colisão de astros, à qual o ser humano está entregue, sem salvação.

Como diz o sonhador, no sonho não se encontra nenhum vestígio de "sexualidade", se se quiser executar o encontro com a moça. (Como se qualquer relacionamento com o sexo oposto sempre tivesse que ser, necessariamente, baseado em sexo!). O que o inquieta é o fato de que o encontro acontece "à noite", como ele mesmo destaca. Como este exemplo demonstra, pode-se ir longe demais com a *sex-consciousness*. Neste sentido, a cadeira de vime não é mesmo muito convidativa, mas significa para o sonhador, como ele diz, uma ótima condição para um trabalho intelectual concentrado, o que o livro de anotações, de fato, também indica. 686

Já que o sonhador, como foi mencionado, é um pesquisador dedicado à astrologia, a combinação de números onze-oito proporcionou-lhe um enigma especial. Ele pensa em XI-8, como no mês e dia de seu falecimento. Sendo um senhor de idade, de acordo com a idade bíblica, ele tem toda razão para este tipo de observações. Baseado em deduções astrológicas, ele adia este novembro fatal para o ano 1963, ou seja, no meio da suposta Guerra Mundial. Mas ele acrescenta cautelosamente: "Não tenho, porém, certeza alguma". 687

Ele diz que este sonho deixou-lhe uma sensação especial de satisfação e agradecimento, por lhe ter sido "concedida" uma experiência deste tipo. De fato, trata-se de um assim chamado "grande" sonho, pelo qual há quem agradeça, mesmo sem tê-lo entendido, ou sem tê-lo entendido de forma correta. 688

Comentário do sonho 4

O sonho começa com o pôr do sol, em que o sol está, de tal forma, coberto por nuvens, que ainda se pode ver o disco. Com isso, a forma redonda estaria destacada. Esta tendência se confirma no se- 689 guinte: aparece um segundo disco, Júpiter, mais corpos redondos em grande quantidade, "coisas do espaço extraterrestre". Com isso, nos é permitido colocar este sonho na categoria dos fenômenos psíquicos de Ovnis.

680   O estranho empalidecimento do sol indica o medo que se expande sobre o mundo diurno, no pressentir de acontecimentos catastróficos, que estão por vir. Estes, em contraste com as "percepções diurnas", são de origem não terrestre: Júpiter, o pai dos deuses, abandonou a sua órbita e se aproxima da Terra. Este tema, encontramos nas memórias do doente mental Schreber[20]: os acontecimentos extraordinários que se desenvolvem ao seu redor incitam Deus a "aproximar-se mais da Terra". Assim, o inconsciente "interpreta" o que é ameaçador como uma *intervenção divina,* que se manifesta na aparição de pequenas imagens do grande Júpiter. O sonhador não chega à conclusão imediata de se tratar de Ovnis, e parece, também, não estar influenciado na escolha de seus símbolos, através de uma atividade consciente a respeito.

691   Apesar de tudo indicar uma ameaça de catástrofe cósmica, o medo se transforma num estado de espírito positivo, de uma forma solene, festiva e reverente, como convém a uma epifania. Mas a vinda de Deus significa, para o sonhador, o maior perigo, pois os corpos celestes "detonam" sobre a Terra como grandes bombas, que correspondem aos seus temores de Guerra Mundial. Mas, estranhamente, eles não provocam os esperados terremotos, e as detonações parecem também ser de forma especial e incomum. Ao redor do sonhador não acontecem destruições. As quedas acontecem tão longe, abaixo do horizonte, e ele acredita, apesar de tudo, ter visto um único clarão de explosão. A colisão com estes planetoides acontece, então, de forma mais amena do que seria na realidade. O ponto principal parece ser, neste caso, o medo da possibilidade de uma Terceira Guerra Mundial, que proporciona ao acontecimento um aspecto aterrador. Esta interpretação que o sonhador dá ao acontecimento o deixa muito mais

---

20. SCHREBER, D.P. *Denkwürdigkeiten eines Nervenkranken, nebst Nachträgen und einem Anhang.* Leipzig: [s.e.], 1903, p. 87.

Um mito moderno sobre coisas vistas no céu 75

agitado do que o próprio fato. Desta forma, todo o assunto adquire um aspecto psicológico propriamente dito.

Isto também se confirma, imediatamente, no encontro com a jovem, que mantém a sua postura, continua com o seu trabalho despreocupadamente, e que, de forma mais clara, profetiza a data do seu falecimento. Ela o faz de forma tão impressionante, que ele se sente na necessidade de destacar até o *número* de palavras que ela usa, a saber, *oito*. Este oito é mais do que uma casualidade, como nos demonstra a própria data de falecimento: dia 8 de novembro. Esta dupla acentuação do oito tem bastante importância, pois oito é a quaternidade dupla, que desempenha nos mandalas um papel quase tão importante quanto a própria quaternidade[21]. Por falta de material associativo, vamos à interpretação do onze só como uma tentativa, com ajuda do simbolismo numérico tradicional: dez é o desdobramento absoluto do um. 1 – 10 tem o significado de um ciclo completo. 10 + 1 significa, então, o início de um novo ciclo. Já que a hipótese da interpretação dos sonhos diz *"post hoc ergo propter hoc"* (depois disso, logo, por causa disso), então o onze leva ao oito, isto é, à ogdóade, símbolo da totalidade, ou seja, a uma realização da totalidade, já insinuada pelo aparecimento dos Ovnis.

692

A jovem, que o sonhador não parece conhecer, pode ser compreendida como uma figura compensadora da anima. Ela representa um aspecto mais completo do inconsciente, como a assim chamada sombra, acrescentando à personalidade também os traços femininos. Ela aparece, em geral, mais claramente quando o consciente conhece profundamente a sombra do seu eu e exerce sua maior influência como fator psicológico, quando as qualidades femininas da personalidade ainda não foram integradas. Quando estes opostos não são unificados, então, a totalidade não está constituída, e o si-mesmo, como o seu símbolo, ainda está inconsciente. Mas, quando o si-mesmo está constelado, então, aparece na projeção, embora sua verdadeira natureza esteja encoberta pela anima; no máximo, a anima insinua a sua existência, como é o caso neste sonho. A anima se contrapõe,

693

---

21. Cf. tb. o quatro e o oito, na cena dos Cabiros, *Fausto*, 2ª parte, p. 372 comentados em: JUNG, C.G. *Psicologia e alquimia*. Petrópolis: Vozes, 2011 [OC, 12; § 203s.].

com a sua calma e segurança, à agitação do consciente do eu, e faz alusão, mencionando o oito, à totalidade contida na projeção dos Ovnis, que é o si-mesmo.

694   O pressentimento do enorme significado do si-mesmo, como organizador da personalidade, como também das dominantes coletivas, ou arquétipos que, sob o nome de princípios metafísicos, determinam a orientação de totalidade do consciente, é responsável pelo ambiente festivo do início do sonho. Este ambiente corresponde à epifania que está chegando, e que se teme ter o significado de uma guerra mundial, ou de uma catástrofe cósmica. Mas a anima parece que sabe melhor das coisas. A destruição esperada permanece, pelo menos, invisível, de forma que, ao redor do sonhador, não acontece nada propriamente assustador além do seu pânico subjetivo. A anima ignora o seu medo de catástrofes, e em lugar disso indica a sua própria morte – como podemos dizê-lo – como a verdadeira fonte do seu medo.

695   A imagem da morte já levou a cabo certas realizações que, antes, nenhuma força de vontade, ou boa intenção foram capazes de conseguir. Ela é uma grande concluidora, que coloca, inexoravelmente, o ponto final no balanço de uma vida humana. Só nela se alcança a totalidade, de qualquer maneira. A morte é o fim do homem empírico e a meta do homem espiritual, como diz o pensamento de Heráclito: "É o Hades, para onde correm e onde festejam as festas". Tudo o que ainda não está onde deveria estar, e tudo o que ainda não pereceu, e que devia ter perecido, sente medo do fim, isto é, do ajuste final. Sempre que possível, esquivamo-nos de tornar conscientes aquelas coisas que ainda faltam à totalidade, e, com isso, impedimos a conscientização do si-mesmo e, desta forma, a prontidão para a morte. O si-mesmo permanece na projeção. Em nosso caso, ele aparece como Júpiter, mas, ao aproximar-se da Terra, se transforma em muitos pequenos corpos celestes, por assim dizer, em muitos "si-mesmos" ou almas individuais, e desaparece na Terra, ou seja, se integra em nosso mundo. Desta forma, se insinua, em termos mitológicos, uma encarnação; mas em termos psicológicos, o surgimento de um processo inconsciente no campo da consciência.

696   No sentido do sonho, eu aconselharia ao sonhador a observar, antes de mais nada, o medo geral de catástrofes, através da natureza da própria morte. Neste sentido, é significativo que o ano que ele su-

Um mito moderno sobre coisas vistas no céu

põe ser o da sua morte esteja no meio da fase crítica, entre 1960 e 1966. Desta forma, o fim do mundo seria a sua própria morte e por isso, em primeiro lugar, uma catástrofe pessoal e um final subjetivo. Mas, como o simbolismo do sonho descreve, inconfundivelmente, uma situação coletiva, parece-me oportuno generalizar o aspecto subjetivo do fenômeno dos Ovnis, e supor que um medo coletivo da morte, mas que não foi reconhecido como tal, seja projetado nos Ovnis. Após especulações iniciais, otimistas, sobre os nossos visitantes do espaço, ultimamente, está sendo discutida a sua provável periculosidade, e até mesmo a sua ameaçadora invasão da Terra, com as suas incalculáveis consequências. Hoje em dia, não é necessário ir à procura de motivos para algo mais do que o simples medo da morte. Os motivos aí estão, e tanto mais, se considerarmos que toda vida inutilmente esbanjada, e levada à perdição, também significa a morte. Esta situação pode, todavia, ser a base para um aumento exacerbado do medo da morte, justamente em nossa época, em que, para muitos, a vida perdeu o seu sentido mais profundo, e por isso obriga a substituir o ritmo dos éons, inerente à própria vida, pelo apavorante tique-taque do ponteiro dos segundos. Por este motivo, gostaríamos que muitos tivessem a postura compensadora da anima do nosso sonho, e lhes aconselharíamos a optar por um lema, assim como fez o discípulo de Holbein, de Basileia, Hans Hopfer, que viveu no século XVI: "A morte é a última linha das coisas, e eu não abro mão de nenhuma".

Sonho 5

O sonho provém de uma senhora culta, com instrução de nível superior. Remonta a alguns anos atrás, sem referência ao fenômeno dos Ovnis. *Duas mulheres estavam juntas à beira do mundo, como à procura de algo. A mais velha e mais alta era paralítica. Eu associo com ela minha amiga Miss X. Ela olhava corajosamente para fora. A mais nova era menor e apoiava com o braço a mais alta, dando a sensação de força, mas não arriscava olhar para fora. Eu me reconheci na segunda imagem. No céu, eu vi, do lado esquerdo, a lua e a estrela da manhã, do lado direito, o sol nascente. Um objeto elíptico, de brilho prateado, vinha voando da direita. Era tripulado por figuras que estavam de pé, na borda do objeto. Pareciam ser homens, com túnicas branco-prateadas. As duas mulheres estavam extasiadas com esse espetáculo, e tremiam neste espaço cósmico não terrestre, num estado que só era possível no momento da visão.*

698   Como mostra a figura 1, a sonhadora pegou no pincel, logo depois do sonho altamente impressionante, para fixar esta visão. O sonho descreve um fenômeno típico de Ovnis, que, como o sonho 3, contém o tema da "tripulação", isto é, a presença de seres humanos. Obviamente, trata-se de uma situação-limite, como mostra a expressão "à beira do mundo". Do outro lado, está o espaço cósmico, com os seus planetas e sóis, ou campo da morte, ou inconsciente. A primeira hipótese sugere uma nave espacial, a conquista tecnológica de um povo de outro planeta, mais desenvolvido; a segunda representa uma espécie de anjos ou espíritos falecidos, que vieram à terra buscar uma alma. O caso atinge Miss X, que já naquela época "necessitava de apoio", isto é, estava doente. Seu estado de saúde dava reais motivos de preocupação. Ela faleceu mesmo, aproximadamente dois anos depois do sonho. De acordo com isso, a sonhadora considerou a sua visão uma premonição. Finalmente, a terceira hipótese, ou seja, a do inconsciente, indica uma personificação deste, ou seja, do *animus,* com a sua pluralidade característica e que, coberto de branco festivo, sugere a ideia da união matrimonial dos opostos. Esta figuração simbólica, como se sabe, é, também, inerente ao pensamento da morte, como uma última realização da totalidade. A opinião da sonhadora, de que este sonho anuncie a morte da sua amiga mais velha, pode, portanto, ser considerada válida.

699   O sonho utiliza-se do símbolo de um disco redondo, de um Ovni, que carrega figuras fantasmagóricas; de uma nave espacial, que vem do além para a beira do nosso mundo, para buscar as almas dos mortos. Através da visão, não se pode saber de onde vem a nave, se vem do Sol, da Lua, ou de outro lugar. De acordo com o mito das *Acta Archelai,* tratar-se-ia da Lua no crescente, que aumenta com o número das almas falecidas, levadas em doze baldes da Terra para o Sol e que, depois de purificadas, são despejadas na Lua. Mas a ideia de que o Ovni pudesse significar uma espécie de barco de Caronte, que carrega as almas através do Estige, ainda não encontrei na literatura dos Ovnis. Isto de certa forma não é de se admirar, tendo em vista que, por um lado, este tipo de relações "clássicas" está distante da

erudição moderna, e, por outro, poderia levar a conclusões muito incômodas. O aumento aparentemente notável de observações de Ovnis em tempos recentes, isto é, há aproximadamente uma década, que despertou a atenção e a preocupação gerais, poderia permitir a conclusão de que, conforme a quantidade de naves que surgem do além, deveríamos esperar um número correspondente de falecimentos. Como se sabe, em séculos anteriores, este tipo de aparecimento era interpretado neste sentido: estas aparições eram sinais de uma "grande morte", de guerra e pestilência, igual às obscuras premonições que também fundamentam o medo moderno. Num caso destes, não se pode esperar que a grande massa já esteja tão esclarecida, que hipóteses desta espécie não consigam criar raízes.

A Idade Média, a Antiguidade e a Pré-história ainda não estão 700
extintas, como muitos "esclarecidos" pensam, mas continuam alegremente vivas, em segmentos significativos da população. As mais antigas mitologias e magias continuam, como sempre, prosperando em nossos meios e só são ignoradas por alguns poucos que se distanciaram do seu estado original[22], através da sua educação racionalista. Sem levar em conta a simbologia eclesiástica, visível em toda parte, que corporifica uma história espiritual de seis milênios e a repete constantemente, os seus parentes pobres, ou seja, os conceitos e rituais mágicos, continuam vivos, apesar de toda instrução escolar. Mas, para conhecer este pano de fundo, que em lugar nenhum aparece na superfície, é preciso ter vivido bastante tempo aqui nos meios campestres. Mas, uma vez que a chave é encontrada, vamos de espanto em espanto. Não só tornamos a encontrar o curandeiro primitivo, na pessoa dos numerosos *Strudel*[23], mas também os seus pactos de sangue com o diabo, as suas "pregações" e "ordenhas", da mesma forma como os seus livros manuscritos de magia. Eu achei, com um desses *Strudel* (curandeiro-bruxo), um livro que começava com a *Merseburger Zaubenspruch* (frase mágica de Merseburg), em alemão moderno, e com um encantamento de Vênus, de época desconhecida. Em cer-

---

22. Aqui, eu chamo a atenção para o livro de JAFFÉ, A. *Geistererscheinungen und Vorzeichen*, que analisa acontecimentos estranhos com pessoas de hoje, em relação ao seu conteúdo de significado mitológico.

23. Expressão da cidade de Berna para mago.

tos casos, os *Strudel* têm uma clientela grande, na cidade e no campo. Eu mesmo vi uma coletânea de muitas centenas de cartas de agradecimento, que um curandeiro recebeu pelas suas bem-sucedidas eliminações de assombração, de casas e estábulos; pelo afastamento de bruxarias sobre homens e animais, e pela cura de todo tipo de doenças. Àqueles meus leitores que desconhecem estas coisas e que queiram deixar de lado as minhas explanações como exageros, posso apontar o fato, facilmente verificável por qualquer um, de que a época áurea da astrologia não se situa na Idade Média, e sim, em pleno século XX, em que até mesmo muitos jornais não desdenham a publicação de horóscopos semanais. Uma pequena camada de pessoas desenraizadas e esclarecidas lê, com complacência, nas enciclopédias, que, ainda no ano de 1723, certa pessoa mandou fazer o horóscopo de seus filhos, mas não sabe que o horóscopo, agora, já alcançou quase a importância de um cartão de visitas. Mas, para todos aqueles que, pelo menos em parte, estão a par destes aspectos de fundo, e que, mais ou menos, se sentem atingidos, existe o acordo tácito de: "Não se fala nisso!", que, apesar de não ser uma lei escrita, é seguida à risca. Consequentemente, só se murmura a respeito, mas ninguém se declara abertamente, já que ninguém quer ser considerado tão tolo. Porém, na realidade, o caso é completamente diferente.

701   Menciono estas coisas que agitam as bases da nossa sociedade, especialmente por causa do simbolismo dos nossos sonhos, que para tantos parece incompreensível, porque se origina de fatos históricos que lhes são desconhecidos. O que se diria, se eu relacionasse o sonho de um homem simples a Wotan ou Balder? Certamente, eu seria acusado de excessiva erudição, pois ninguém sabe que, no mesmo vilarejo, há um curandeiro que exorciza o estábulo, utilizando um livro de mágica, que começa com a *frase mágica de Merseburg*. Quem não sabe que nos cantões suíços – com ou sem pessoas esclarecidas – ainda vagueia o "exército de Wotan", me acusaria da maior arbitrariedade, se eu relacionasse o pesadelo de um cidadão, na solidão dos Alpes, às "benditas almas", quando ele está rodeado de pessoas para as quais o *Doggeli*[24] e o deslocamento noturno das tropas significam

---

24. Expressão do alemão suíço para pesadelo ou assombração de estábulo.

Um mito moderno sobre coisas vistas no céu   81

uma realidade assustadora, apesar de inconfessável e aparentemente desconhecida. Precisa-se de tão pouco para saltar sobre o aparente precipício que se abre entre o passado remoto e o presente. Mas, a nossa identificação com a consciência contemporânea do momento é tão grande, que nos esquecemos do ser "eterno", dos fundamentos psíquicos. Tudo o que existiu e continuará existindo por mais tempo do que o vaivém das correntes contemporâneas é considerado como algo fantasioso, que deve ser cuidadosamente evitado. Mas, desta forma, caímos no maior dos perigos psíquicos que hoje nos ameaça, que seria aquele dos "ismos" intelectuais, separados de todas as suas raízes espirituais, e que sempre estabelecem conceitos, sem levar em conta o homem verdadeiro. Lamentavelmente, se presume que só aquilo que é consciente nos atinge, e que para cada assunto desconhecido já existe um especialista que há tempo fez disso uma ciência. Esta loucura se torna ainda mais convincente pelo fato de que realmente se tornou impossível a uma única pessoa ter a visão de tudo o que uma área especializada conhece e que esta pessoa não estudou. Já que as experiências de maior efeito subjetivo são, ao mesmo tempo, as mais individuais, e por isso as mais inverossímeis, o interrogante receberá, em muitos casos, justamente por parte da ciência, uma resposta insatisfatória. Um exemplo típico deste caso é o livro de Menzel sobre Ovnis[25]. O interesse científico muito facilmente se reduz à frequência, probabilidade e média, pois, como se sabe, essa é a base de toda ciência experimental. Em todo caso, uma base faz pouco sentido se, em cima dela, não for construído algo em que também haja espaço para o extraordinário.

Numa situação-limite, como o nosso sonho descreve, pode-se esperar o extraordinário, ou melhor dizendo, aquilo que nos parece ser extraordinário, mas que, desde épocas remotas, é habitual nessas situações: a nave da morte se aproxima com uma coroa de espíritos falecidos; a essa reunião se junta o falecido, ou o exército dos mortos leva a alma consigo.   702

O surgimento de imagens arquetípicas deste tipo indica sempre algo extraordinário. Não é a nossa interpretação que é forçada mas a   703

---

25. MENZEL, D.H. *Flying Saucers*. Cambridge (Mass.)/Londres: [s.e.], 1953.

atenção da nossa sonhadora é que é coagida nessa direção. Presa a muitas superficialidades, ela não presta atenção ao essencial, ou seja, à proximidade da morte, que de certa forma atinge tanto a ela quanto a sua amiga. A imagem da "tripulação" da nave espacial já apareceu no sonho anterior da aranha metálica, e novamente se apresenta no sonho a seguir. A rejeição intuitiva que se sente contra o aspecto mais profundo desta imagem pode explicar o motivo pelo qual esta variação do significado parece não ter, até hoje, um papel determinado na literatura dos Ovnis. Poderíamos dizer, com *Fausto:* "Não conclames o bando tão bem conhecido..."[26]. Mas nós não precisamos desta conclamação, pois o medo que paira sobre o mundo já fez a sua parte.

Sonho 6

704   O sonho provém da Califórnia, a clássica "terra dos discos"[27], como se diz. A sonhadora tem vinte e três anos.

"Eu estava junto com um homem (não identificado) numa praça redonda, ou no centro circular de uma cidade. Era de noite e nós observávamos o céu. De repente, eu vi que algo redondo e fluorescente se aproximava de nós, de uma grande distância. Quanto mais se aproximava, maior ficava. Eu pensei ser um flying saucer. *Era um enorme circulo de luz, que finalmente encobria todo o céu. Ele chegou tão perto que eu conseguia ver pessoas a bordo, andando de um lado para o outro, como num barco. Primeiro, pensei que alguém estaria fazendo um truque, mas depois pensei que era realidade. Eu me virei e vi, atrás de mim, uma pessoa com um projetor cinematográfico, olhando para o alto. Atrás de nós, havia um edifício como um hotel. Essa gente estava lá no alto e projetava essa imagem no céu. Eu comentei isso com todos os que estavam ao meu redor. Depois, parecia que eu estava num atelier. Ali estavam dois 'produtores' – concorrentes – ambos de idade. Eu ia de um para o outro e discutia o papel que eu tinha que representar nas suas filmagens. Participavam muitas moças, também conhecidas minhas. Um dos 'produtores' dirigia aquela coisa – o*

---

26. *Fausto*, 1ª parte, passeio de Páscoa (Wagner fala), p. 166.

27. Agradeço ao Dr. H.Y. Kluger, de Los Angeles, o relato deste sonho.

Um mito moderno sobre coisas vistas no céu 83

flying saucer. *Ambos faziam filmes de ficção científica, e eu estava destinada a fazer o papel principal.*

A sonhadora, uma jovem atriz de cinema, está em tratamento por uma evidente dissociação de personalidade, com todos os seus respectivos sintomas. Como de costume, a dissociação se exprime nos seus relacionamentos com o sexo masculino, a saber, num conflito entre dois homens, que correspondem às duas metades incompatíveis da sua personalidade.   705

Comentário do sonho 6

Como nos sonhos 1 e 2, trata-se, aqui, de uma sonhadora consciente dos Ovnis, e tanto aqui como lá, o Ovni funciona como portador de símbolo. De certa forma, o seu aparecimento é esperado, de modo que a sonhadora já se colocou, para este efeito, numa posição "central", que é uma praça circular no centro da cidade. Desta forma, é dada uma posição média entre os opostos, que estão à mesma distância da direita que da esquerda, e que, por isso, permite ver ou sentir ambos os lados. Sob a condição desta "colocação", aparece um Ovni como um realce ou "projeção" da mesma. O sonho insiste no caráter de projeção do Ovni, ao atribuí-lo a uma operação cinematográfica de dois produtores de filmes concorrentes. Não é difícil reconhecer nestas duas figuras os objetos opostos da sua escolha de amor dissociada, e assim reconhecer também o conflito básico, que deveria ser resolvido num *tertium comparationis* (ponto de comparação), uma conciliação entre os opostos. O Ovni aparece aqui no seu já conhecido papel de mediador, mas se revela como um efeito cinematográfico intencional, que, ao que parece, não tem qualquer significado mediador. Se considerarmos o papel que um produtor de filmes desempenha na vida de uma jovem atriz, então a transposição dos amantes rivais para a figura de *producers* sugere que estes últimos adquiriram um papel mais importante e mais prestígio. Desta forma, pode-se dizer que eles são colocados à luz do seu drama existencial, enquanto o Ovni por sua vez perde o seu brilho, se ele já não perdeu totalmente o seu significado, como um simples truque. O acento de valor parece ter-se deslocado de um fenômeno aparentemente cósmico, totalmente para os *producers*, e não representa nada mais do   706 que um truque deles, sem importância. O interesse da sonhadora dirige-se, no sonho, totalmente à sua ambição profissional. Desta forma, se define a solução do sonho.

707   Não é fácil entender por que o sonho montou toda essa encenação cósmica, para logo descartá-la desta forma decepcionante. Face às condições sugestivas do início do sonho (centro!) e ao evidente significado sensacional dos Ovnis, que a sonhadora, pelo visto, conhece muito bem, esta mudança chega um tanto inesperadamente. É como se o sonho quisesse dizer: "Não é nada disso, nada disso, mesmo. É só um truque cinematográfico, um assunto de ficção científica. Imagine antes que em ambas as filmagens você tem o papel principal".

708   Através desta sequência, pode-se perceber qual o papel que estava destinado ao Ovni e por que ele tinha que se retirar novamente da cena: a personalidade da sonhadora entra em ação numa posição central, que compensa a dissociação, a divisão entre opostos, e, por isso, representa um meio para superar a dissociação. Para isso, necessita-se de um afeto (ver acima, nota 18a), para forçar uma direção uniforme. No afeto, cessa o jogo do pêndulo dos opostos autônomos e aparece um estado claro. Este é provocado pelo excitante aparecimento do Ovni, que, por um instante, chama toda a atenção para si.

709   Podemos ver que o fenômeno do Ovni, neste sonho, não é nada mais do que um meio para o fim, algo como se alguém dissesse: "atenção!" Por isso, ele é imediatamente descartado: não é um fenômeno, mas só um truque, e a atuação do sonho continua caminhando em direção ao problema pessoal da sonhadora e do seu conflito entre dois homens. Quando esta situação, que tanto se repete e é tão bem conhecida, passa a significar algo a mais e a durar mais tempo do que uma insegurança passageira de escolha, então, ela tem como base o fato de que o problema não está sendo levado a sério, como no caso do burro de Buridan, que não conseguia decidir qual dos dois fardos de feno ele ia comer primeiro. Era um problema aparente, pois na verdade ele estava sem apetite. Este parece ser o caso da nossa sonhadora: ela não ama nem um nem o outro, ela ama a si mesma. O que ela realmente quer lhe é dito pelo sonho, que transforma os amantes em *producers*, apresenta a situação como um empreendimento cinematográfico e lhe empurra o papel principal. É nisso que a sonhadora verdadeiramente pensa, representar o papel principal na sua profis-

Um mito moderno sobre coisas vistas no céu   85

são; neste caso, o da jovem amante, despreocupada com o parceiro. Parece que ela, na realidade, não está conseguindo isso plenamente, de forma que ela ainda cai na tentação de considerar os seus parceiros como reais, quando eles só estão desempenhando um papel no seu drama. Isso realmente não depõe a favor da sua vocação artística e permite duvidar da seriedade da sua profissão. Frente ao seu estado vacilante de consciência, o sonho aponta determinadamente para a sua profissão como o seu verdadeiro amor e desta forma lhe entrega nas mãos a solução do seu conflito.

Deste sonho não conseguimos extrair nenhum esclarecimento sobre a natureza do fenômeno Ovni. Aqui ele é usado como um simples grito de alerta, em virtude do alarde coletivo a respeito dos *flying saucers*. Por mais interessante ou até mesmo alarmante que seja o fenômeno, a juventude tem ou se dá ao direito de considerar o problema do ele e ela como muito mais fascinante. Neste caso, os jovens certamente têm razão, pois, quando ainda se tem que ser algo, a terra e suas leis têm um significado maior do que aquela mensagem que soa longe, anunciando os sinais do céu. Já que, como se sabe, a juventude dura muito tempo, e seu estado espiritual característico representa o mais elevado estado que em certas vidas humanas já foi alcançado, esta restrição psicológica também é válida, em geral, para os de cabelos grisalhos, cujos aniversários não representam nada mais do que festas de recordação dos vinte anos. Na melhor das hipóteses, restringem-se à concentração no trabalho, e todo o resto que ainda poderia vir é indesejado como incômodo. Nem idade, nem classe, nem educação, impedem esta estagnação. Apesar de tudo, a sociedade humana ainda é muito jovem, pois o que significa de três a cinco mil anos, numa visão maior! [710]

Eu escolhi este sonho como um paradigma da forma pela qual o inconsciente também pode usar o problema que aqui nos preocupa. Com isso, quero mostrar que os símbolos não têm uma direção determinada, mas que o seu significado depende de muitos e dos mais variados fatores. A vida se passa em nenhum outro lugar, a não ser naquele em que nos encontramos. [711]

No próximo capítulo, tratarei de alguns quadros que se referem ao fenômeno dos Ovnis. O pintor do segundo quadro, a quem eu tinha comunicado por carta que eu relaciono certos detalhes do seu [712] quadro com os estranhos aparecimentos no céu, colocou à minha disposição o seguinte sonho que ele teve, a 12 de setembro de 1957.

Sonho 7

Eu estava junto com outras pessoas, no cume de uma colina, de onde se descortinava uma vista linda, ampla e ondulada, de uma paisagem que ostentava um verde suculento.

Um 'disco voador', de repente, flutuou na nossa frente, parou à altura dos nossos olhos, e ficou clara e nitidamente à luz do sol. Não parecia máquina, mas animal oceânico, redondo e plano, porém, gigantesco (aproximadamente dez a quinze metros de diâmetro). Seu corpo estava coberto de manchas pequenas azul-cinza-brancas. Suas bordas ondulavam e tremiam constantemente; elas serviam de remo e timão.

Este ser começou a nos rodear. Depois, de uma só vez subiu, como disparado de um canhão, em linha reta, rumo ao céu azul. Logo, precipitou-se para baixo novamente, com velocidade inimaginável, fazendo evoluções ao redor das nossas colinas. Certamente, fazia isso em relação a nós. (Ao passar bem perto, parecia ser bem menor e semelhante a um tubarão-martelo). Agora, de alguma forma, havia pousado perto de nós... Um tripulante saiu, e veio direto em minha direção (Uma mulher de forma humana?). As pessoas fugiram e esperaram, a uma respeitável distância, olhando-nos. A mulher me disse que lá naquele mundo (de onde ela vinha) me conheciam bem e que estavam acompanhando como eu estava desempenhando a minha tarefa (Missão?). Ela falava num tom severo, quase ameaçador, e parecia dar muita importância àquilo de que eu fora encarregado.

Comentário do sonho 7

713   O motivo do sonho estava na antecipação de uma visita que o sonhador queria me fazer nos próximos dias. A exposição descreve um sentimento de expectativa, positivo e esperançoso. O desenvolvimento dramático começa com o repentino aparecimento de um Ovni, que manifesta a intenção de se apresentar ao espectador o mais nitidamente possível. O resultado da inspeção indica que não se trata

Um mito moderno sobre coisas vistas no céu

de máquina, e sim, muito mais, de ser vivo animal, um peixe oceânico, algo como uma raia gigante, que, como se sabe, também faz tentativas de voo. Os seus movimentos acentuam a relação do Ovni com os espectadores. Estas tentativas de aproximação levam a um pouso. Uma figura de aparência humana sai do Ovni, através dela um relacionamento humano inteligente é representado entre o Ovni e os seus espectadores. Esta impressão é reforçada pelo aparecimento de uma figura feminina, que pela sua natureza desconhecida e indeterminada pertence ao tipo de anima. A numinosidade deste arquétipo provoca numa parte das "pessoas" presentes uma reação de pânico, isto é, o sonhador registra uma reação de fuga subjetiva. O motivo para tal está no significado de destino que é característico da figura da anima: ela é a Esfinge de Édipo, uma Cassandra, a mensageria de Groal, a mulher que anuncia a morte, e outras coisas parecidas. Esta concepção é afirmada através da mensagem que ela transmite: ela estaria vindo de um mundo do além, onde o sonhador seria conhecido e onde estariam acompanhando, atentamente, como ele está cumprindo a sua "missão".

Como se sabe, a anima personifica o inconsciente coletivo[28], o "reino das mães", que, como mostra a experiência, tem uma clara tendência a influenciar o modo consciente de vida, e, onde isto não pode ser realizado, até mesmo a irromper violentamente na consciência, para confrontá-la com os seus conteúdos estranhos e, por enquanto, incompreensíveis. De acordo com o sonho, os Ovnis representam um conteúdo deste tipo, que nada deixa a desejar, no que diz respeito à sua estranheza. A dificuldade de integração, neste caso, é tão grande, que as possibilidades comuns de compreensão falham. Nestas condições, lança-se mão dos meios míticos de explicação, isto é, habitantes estelares, anjos, espíritos e deuses são responsabilizados antes mesmo de se saber o que se viu. A numinosidade deste tipo de imagens é tão grande, que nem se chega a cogitar da possibilidade de serem percepções subjetivas de acontecimentos coletivamente inconscientes. De acordo com o conceito usual, uma observação subjetiva, pois, só pode ser "verdadeira", ou "não verdadeira", como uma

714

---

28. Quando a assim chamada sombra, isto é, a personalidade inferior, está inconsciente em grau mais elevado, o inconsciente é representado por uma figura masculina.

alucinação. Mas, o fato que as alucinações também são fenômenos verdadeiros e que têm suficientes motivos, parece que não é levado em consideração, enquanto não houver um evidente distúrbio patológico. Porém, existem manifestações do inconsciente também em pessoas normais, que podem ser a tal ponto "verdadeiras" e impressionantes, que o observador instintivamente se recusa a entender as suas percepções como enganos ou alucinações. O seu instinto tem razão: não só se vê de fora para dentro, mas, às vezes, também de dentro para fora. Quando, na verdade, um processo interno não pode ser integrado como tal, ele muitas vezes é projetado para fora. É até uma regra que a consciência masculina projete todas as percepções que se originam do inconsciente de personificação feminina sobre uma figura da anima, isto é, sobre uma verdadeira mulher, e desta forma esteja tão ligada a ela quanto, na realidade, está ligada aos conteúdos do inconsciente. Deste fato resulta o caráter fatalista da anima, que também no nosso sonho é insinuado, através da pergunta: Como você está cumprindo a tarefa ("missão") da sua vida, a sua razão de ser, o sentido e a meta da sua existência? Esta é a questão da individuação, a questão do destino por excelência, que se apresentou a Édipo em forma de enigma incompreensível e infantil da Esfinge, e o qual foi totalmente mal interpretado por ele. (Seria possível imaginar que um ateniense espirituoso, convivendo com a tragédia, se deixasse enganar pelos κλεῖ᾽ αι᾽νίγματα ["enigmas assustadores"] da Esfinge?). Édipo não usou a sua razão para iluminar a tenebrosidade do enigma simples e infantil, tão fácil de resolver, e por isso mesmo ele ficou à mercê do trágico destino, pois pensou que tivesse respondido à pergunta. Quem devia responder era a Esfinge, e não os seus espalhafatos.

715 Assim como Mefisto se revela como "o sentido do todo", assim também a anima é como a *quinta essentia* dos Ovnis; e assim como Mefisto não representa o todo de Fausto, assim também a anima é só uma parte do todo que está insinuado, de forma difícil de compreender, no "peixe oceânico", no redondo. Aqui, a anima representa o papel da *mediatrix*, a mediadora entre o inconsciente e o consciente, uma figura dupla como a Esfinge, que por um lado é a natureza instintiva "animal", e por outro (devido à cabeça), a natureza especificamente humana. Na primeira, repousam as forças que determinam o destino humano, na outra, a possibilidade de modificá-las de modo inteligente

Um mito moderno sobre coisas vistas no céu

(este pensamento básico reflete-se também no quadro, que posteriormente o pintor reproduziu). Aqui, o sonho usa a linguagem mítica, que se utiliza das imaginações de um mundo do além, e de seres angelicais que acompanham o ir e vir dos humanos. Desta forma, é expressa, de modo visível, a simbiose do consciente e inconsciente.

Em todo caso, esta parece ser a explicação satisfatória mais próxima. Em relação aos possíveis fundos metafísicos, temos que manifestar honestamente a nossa ignorância a respeito, e a impossibilidade de uma comprovação. A tendência do sonho é, inconfundivelmente, o esforço de trazer à tona um psicologema, com o qual nos deparamos, sempre, desta e de muitas outras formas, e isto é totalmente independente da questão dos Ovnis serem considerados realidades concretas ou aparições subjetivas. O psicologema é uma realidade em si. Baseia-se numa percepção real, que não necessitaria da realidade física dos Ovnis. Esta percepção se manifestou muito antes de se ter falado em Ovnis.

716

O final do sonho dá uma ênfase especial à mensagem da mulher, acentuando a seriedade e a ameaça que estão por trás do comunicado. O paralelo coletivo para este caso é o temor, que se manifesta em muitos lugares, de que os Ovnis, no fim das contas, não sejam tão inofensivos, e que a possibilidade de um contato com outros planetas pudesse acarretar consequências inimagináveis. Esta situação é reforçada pelo fato de que a supressão de certas informações, por parte dos organismos oficiais (americanos)[29], certamente não pode ser atribuída ao mundo das fábulas.

717

Numa época em que a massificação se apresenta tão claramente, com todas as suas consequências destrutivas, é claro que não se pode negar mais a seriedade, ou melhor, a ameaça do problema de individuação, já que este representa a grande alternativa da cultura ocidental. É um fato que o súdito de um Estado ditatorial seja privado da sua liberdade individual, e também é um fato que estamos ameaçados por este desenvolvimento político, sem sabermos como combatê-lo. Por isso é que se nos apresenta, com toda premência, a seguinte questão: Vamos

718

---

29. KEYHOE, D.E. Op. cit.

permitir que nos privem da nossa liberdade individual? O que podemos fazer para evitar um desenvolvimento dessa natureza?

719   Vamos à procura de medidas coletivas, e com isso reforçamos a massificação, ou seja, justamente aquilo que queremos combater. Contra o efeito massificante de todas as medidas coletivas, existe somente *um* meio: a acentuação e a elevação de valor do *indivíduo*. Faz-se necessária uma *mudança de conceito,* ou seja, um verdadeiro reconhecimento do homem todo. Isto só pode ser tarefa de cada um, e tem que começar por cada um, para ser verdadeiro. Esta é a mensagem do nosso sonho, que se dirige ao sonhador; uma mensagem do fundamento instintivo coletivo da humanidade. As grandes organizações políticas e sociais não podem ter o seu fim em si mesmas, mas devem ser medidas de emergência temporárias. Da mesma forma como os Estados Unidos se viram na necessidade de quebrar os grandes *trusts,* assim se revelará, com o tempo, como uma necessidade, a tendência à destruição das organizações gigantescas, porque elas corroem, como um câncer, a natureza humana, no momento em que a sua finalidade está nelas mesmas, conseguindo, desta forma, autonomia. A partir deste momento, elas avançam por cima do homem e fogem ao seu controle. Ele se transforma na sua vítima e se perde na loucura de uma ideia que ficou sem dono. Todas as grandes organizações em que o indivíduo se perde estão expostas a este perigo. Contra essa ameaça vital, parece-me que realmente existe só *um* meio, ou seja, a "valorização" do indivíduo.

720   Porém, esta medida eminentemente importante não pode ser realizada arbitrariamente, isto é, através de determinação e conhecimento, pois, para isso, um homem sozinho é pequeno e fraco demais. Para isso, precisa-se muito mais de uma fé involuntária, quer dizer, de uma ordem metafísica que ninguém pode criar artificialmente, isto é, através de intenção e reconhecimento. Uma dominante desta espécie só pode acontecer espontaneamente. Um acontecimento deste tipo é a base do nosso sonho. A minha insinuação de que certos detalhes do seu quadro estariam, possivelmente, ligados ao problema dos Ovnis, foi suficiente para constelar no sonhador o arquétipo subjacente a este fenômeno coletivo e de lhe fornecer a compreensão numinosa do significado metafísico do indivíduo: o homem empírico

Um mito moderno sobre coisas vistas no céu

transcende os seus limites conscientes; seu modo de vida e seu destino têm um significado muito mais do que pessoal. O interesse procedente de um "mundo no além" se lhe aproxima e solicita dele realizações que ultrapassam o campo empírico e seus estreitos limites. Desta forma, a posição do indivíduo é elevada e enlevada para o âmbito da importância cósmica. Esta transformação numinosa não resulta de uma intenção consciente ou de uma convicção intelectual, e sim de um encontro com impressões arquetípicas avassaladoras.

Uma experiência deste tipo não é tão inofensiva assim, pois acontece, com frequência, que ela exerça no indivíduo um efeito inflatório: seu *eu* se considera aumentado e elevado, quando na realidade é pressionado para o fundo, e isso de tal forma, que quase precisa de uma inflação (por exemplo, a sensação de ser escolhido), para não perder o chão debaixo dos pés, apesar de ser justamente a inflação que o eleva dos seus fundamentos. Não é o eu que é elevado, mas algo maior emerge, isto é, o *si-mesmo,* um símbolo que exprime o homem todo. Mas o eu adora considerar-se o homem todo, e, por isso, tem o maior trabalho para se desvencilhar do perigo da inflação. Esta séria dificuldade é, também, um motivo pelo qual tais experiências são rejeitadas e até mesmo temidas, como doentias. Por isso é que a simples ideia do inconsciente e, muito mais, a dedicação a ele são indesejáveis. Pensando bem, não faz muito tempo – alguns poucos milênios – que nós vivíamos num estado espiritual primitivo, com os seus *"perils of the soul"* (os perigos da alma), as "perdas da alma" e estados de possessão, que ameaçavam a unidade da personalidade, isto é, o eu. A isto pode-se acrescentar que estes perigos de forma alguma foram, em geral, superados na nossa sociedade civilizada. É verdade que eles não assolam mais o indivíduo na mesma medida, mas, sim, os grupos sociais ou nacionais de grandes dimensões, como a nossa história contemporânea nos mostra, de forma mais clara. São manifestações de possessão que destroem o indivíduo.

Contra este perigo, só uma *emoção* forte que não oprima e destrua o indivíduo, mas que, muito mais, o integre, pode ajudar. Mas isto só pode acontecer, se ao homem consciente se coloca também o inconsciente. O processo de unificação está só parcialmente sob controle da nossa vontade; por outro lado, ele é um acontecimento invo-

92   Obra Completa – Vol. 10/4

luntário. Com o consciente, podemos, no máximo, chegar perto do inconsciente, e depois temos que esperar e observar o que acontecerá. Visto do ponto de vista da consciência, o processo se apresenta como uma aventura ou uma *quest*, algo como no *Pilgrim's Progress*, de John Bunyan, ao qual a Dra. Esther Harding dedicou um estudo[30] detalhado, em que ela mostra que Bunyan, apesar de toda a diversidade de linguagem e visão, conta das mesmas experiências internas que também ocorrem ao homem de hoje, quando ele escolhe o "caminho estreito". Aconselho este livro a quem queira avaliar o que significa um processo de individuação. À pergunta, mil vezes pronunciada: "O que posso fazer?", não sei outra resposta, além de: "Seja aquilo que sempre você foi", ou seja, aquela totalidade que perdemos através das condições de uma existência consciente, civilizada; uma totalidade que éramos, mas não sabíamos. O livro de Harding fala numa linguagem tão simples e de fácil compreensão, que qualquer um que tenha boa vontade pode fazer uma ideia do que se trata, mesmo sem conhecimentos especiais. Também lhe serão esclarecidos os motivos pelos quais ele não age, e prefere deixar as coisas como estão, apesar do que ele poderia realizar – pelo amor de Deus! – com os seus parcos meios, na situação atual, que ameaça o mundo e aparentemente o preocupa seriamente. É evidentemente – sim, espetacularmente – meritório enaltecer ideais coletivos e participar de grandes organizações, apesar de estas fazerem parte dos coveiros do indivíduo. Um grupo sempre vale menos do que a média de cada um dos seus membros, e, se ainda for formado por uma maioria de poltrões e mandriões, o que resta, então? Neste caso, os ideais pregados por eles também não valem nada. O remédio certo na mão do homem errado também tem efeito errado, diz um ditado chinês.

723   A mensagem que o Ovni traz ao sonhador é um problema da época, cujo expoente é cada um de nós. Os sinais no céu aparecem para que cada um os veja. Eles advertem a cada um sobre a sua alma e totalidade, porque esta deveria ser a resposta que o Ocidente deveria dar ao perigo de massificação.

---

30. HARDING, M.E. *Journey into Self*. Nova York/Londres/Toronto: Longman's, Green and Co., 1956.

3. O Ovni na pintura

Quis o benévolo destino que, no momento em que decidi escrever estas notas, tomasse conhecimento da obra de um pintor, que, profundamente abalado pelos acontecimentos contemporâneos, reconheceu em nossa época o medo fundamental, o temor que se espalha pelo mundo inteiro de uma erupção catastrófica de forças destrutivas. Faz tempo que a pintura, seguindo a sua lei de transformar os temas mais fortes da sua época em formas visíveis, capta a destruição das formas e a "quebra das tábuas da lei", e cria quadros que, na mesma medida, abstraem o significado e o sentimento, e se destacam, tanto pelo *nonsense*, quanto pela falta de relação consciente com o espectador. Pode-se dizer que os pintores se entregaram totalmente ao elemento destrutivo e criaram um novo conceito de beleza, que se encanta com a alienação do significado e sentimento. Tudo é constituído de cacos, destroços inorgânicos, buracos, distorções, emaranhados, rabiscos, infantilismos e formas grosseiras, que superam até a primitiva falta de habilidade, e com isso desmentem o velho ditado: "Arte supõe talento". Da mesma forma como a moda considera "bela" qualquer novidade, por mais absurda e contestadora que seja, assim, também, o faz a "arte moderna" deste tipo. É a beleza do caos. É isso que esta arte preconiza e prega: um monte ostensivo de cacos da nossa cultura. Podemos admitir que um empreendimento desta espécie seja apavorante, especialmente quando se associa às possibilidades políticas do nosso tempo, grávido de futuro. De fato, é possível imaginar que nesta nossa época, dos "grandes destruidores", seja uma grande satisfação representar, pelo menos, a vassoura que varre para um canto o que aconteceu. 724

Quadro 2: O semeador de fogo

O pintor deste quadro – neste caso, podemos dizer – criou coragem de reconhecer a existência de um medo geral e profundo, e de expressá-lo através da sua arte, assim como outros tiveram a ousadia (ou não conseguiram evitar) de escolher como tema o desejo consciente ou inconsciente de destruição, que também é geral, tornando, deste modo, visível a desagregação que termina no caos. Eles o fize- 725 ram com a "superioridade" da paixão herostrática[1], que não conhece nem o temor, nem o que virá depois. Mas o medo é uma confissão de *inferioridade* em que a pessoa, assustada pelo caos, almeja uma realidade firme e palpável, a continuidade do já existente, e a satisfação da mente, a cultura. Quem tem medo está ciente de que a desagregação do nosso mundo é o resultado da insuficiência dele, e que a este mundo falta algo essencial, que poderia evitar o caos. Contra o estado fragmentário do passado, o mundo tem que contrapor o anseio de ser total e inteiro. Mas já que isto, aparentemente, não pode ser encontrado na atualidade, então também não há possibilidade de imaginar aquilo que integra as partes num todo. Tornamo-nos céticos, e os ideais quiméricos de melhorar o mundo estão em cotação baixa. Por esse motivo também não se acredita, ou só se acredita parcialmente, nas velhas fórmulas que acabaram fracassando. A ausência de imagens de totalidade, utilizáveis, ou, pelo menos, acreditáveis, cria uma situação que equivale a uma tábula rasa, na qual algo poderia aparecer. O fenômeno dos Ovnis poderia ser uma aparição desta espécie.

726   Mais ou menos consciente da analogia com o Ovni, o pintor[2] criou no céu, sobre a cidade coberta pela escuridão da noite, um corpo incandescente, redondo, em rotação. Seguindo um impulso ingênuo de personificar, deu ao corpo, de forma insinuada, um rosto, transformado numa cabeça, separada porém do corpo, e que assim manifesta a sua autonomia. Como a cabeça, também o corpo é feito de chamas. É a imagem gigantesca de um fantasmagórico "semeador que saiu para semear". Ele semeia chamas; em vez de água, cai fogo do céu. Parece um fogo invisível, um "fogo dos filósofos"[3], pois a cidade não o percebe; também não acontece nenhum incêndio. Ele cai involuntariamente, como que sem motivo, aqui e ali, como as sementes da mão do semeador. Como um ser imaterial, a figura perambula

---

1. Heróstrato destruiu, em 365 a.C., o templo de Ártemis, em Éfeso, para eternizar o seu nome.

2. Ele não é nenhum "adepto dos discos" e não conhece a literatura sobre Ovnis.

3. A seguir, várias vezes se faz alusão ao simbolismo medieval, que talvez seja desconhecido ao leitor. Ele encontrará a documentação histórica necessária no meu livro *Psicologia e alquimia* e em outros trabalhos.

entre as casas da cidade – *dois mundos, que mutuamente se penetram, mas não se tocam.*

Como nos garantem os "filósofos", isto é, os velhos mestres da alquimia, a sua "água" é, ao mesmo tempo, "fogo". O seu Mercurius é *hermaphroditus* e *duplex*, uma *complexio oppositorum* (junção dos opostos), o mensageiro dos deuses, o uno e a totalidade. Ele é, na verdade, um Hermes *katachthonios* (um Mercúrio subterrâneo), um espírito que emana da terra, que tanto brilha claro, como incandesce ardendo, mais pesado que o metal e mais leve do que o ar; serpente e águia ao mesmo tempo, ele envenena e cura. Por um lado, ele é a própria panaceia, e o *elixir vitae* (elixir da vida); por outro lado, um perigo mortal para quem não o conhece. Para os eruditos de séculos anteriores, de cuja erudição fazia parte a filosofia dos alquimistas – ela era uma verdadeira *religio medici* (religião do médico) – esta imagem estaria cheia de insinuações, e ele não teria nenhuma dificuldade de encaixá-la no seu acervo de conhecimentos. Mas, para nós, ela representa estranheza desconcertante, e, em vão, procuramos por possibilidade de comparação. É tão diferente aquilo que o consciente pensa, daquilo que o inconsciente visa! O quadro mostra a incomensurabilidade de dois mundos, que, apesar de se penetrarem, não se tocam. É claro que o semeador semeia seu fogo sobre a terra, mas ele o distribui tranquilamente sobre ambos, sobre a cidade povoada e sobre o campo, e nenhum dos mortais o percebe. O quadro poderia ser comparado a um sonho, que tenta esclarecer o sonhador de que, por um lado, o seu consciente habita um mundo banal-racional, mas que, por outro, está confrontado com a imagem noturna fantasmagórica de um *homo maximus* (homem muito grande). Considerando-a um fenômeno de espelhamento, a figura gigantesca poderia ser compreendida como uma espécie de fantasma psicológico da montanha. Neste caso, deveríamos presumir a existência de uma paranoia reprimida, que inquieta o próprio pintor. Com isso, todo o assunto se deslocaria para o campo patológico e não representaria nada mais do que uma autoafirmação neurótica, que se formou, como se diz, por baixo do pano. O aspecto aterrador de uma situação apocalíptica do mundo se transformaria, desta forma, naquele medo pessoal egocêntrico, que sente todo aquele que cultiva uma paranoia secreta, quer dizer, o temor de que a grandeza imaginada pudesse ser derrotada na colisão com a realidade. A tragédia do mundo se transformaria na comédia de um pequeno fanfarrão. Sabemos, muito bem, que brincadeiras deste tipo ocorrem até com demasiada frequência.

728   Mas, para reconhecer com certeza um clímax como este, *a maiori ad minus* (do maior para o menor), não basta, de forma alguma, um raciocínio tão superficial. A alusão a algo importante certamente não está só no tamanho e na estranheza da figura, mas, também, na numinosidade dos seus fundos inconscientes simbólico-históricos. Se não houvesse nada mais do que uma vaidade pessoal e uma busca infantil de afirmação, então, caberia muito mais a escolha de um outro símbolo, ou seja, a figura de um concorrente bem-sucedido e invejado no mesmo ramo, naturalmente encenado, de forma adequada, para impressionar, ou uma própria "elevação de nível", como mostra a experiência em fatos semelhantes. Neste caso, porém, tudo indica o contrário. A figura se revela, em todos os seus traços, como *arquetípica*, como já foi destacado acima. Ela supera a figura humana como um rei arcaico, ou um deus; ela não é feita de carne e osso, mas de fogo, a sua cabeça é redonda como um corpo celeste, como no anjo do Apocalipse (Ap 10,1), cuja testa é circundada por um arco-íris, cujo "semblante brilha como o sol", e cujos pés ardem como "colunas de fogo"; ou como as cabeças em forma de estrela dos deuses dos planetas, nas ilustrações medievais. A cabeça está separada do corpo, para destacar a sua autonomia, comparável à substância arcana alquímica, o ouro filosófico, o "*aurum non vulgi*" (o ouro não vulgar), o elemento "cabeça" (*elementum capitis*), ou "elemento ômega" Ω = cabeça), um símbolo que provém de Zósimo de Panópolis (século III). O espírito é um peregrino que anda sobre a terra semeando fogo, comparável àqueles deuses e homens-deuses que peregrinam e fazem milagres, destruindo ou curando. O salmo 104 compara os "servos" de Deus a "chamas de fogo", Deus mesmo é um "fogo devorador". "Fogo" é a intensidade de qualquer afeto e o símbolo do Espírito Santo, que no milagre de Pentecostes se derrama, em forma de chamas individuais.

729   Todas as características da figura que semeia fogo estão saturadas da tradição, em parte através da transmissão bíblica consciente, em parte, através de uma disposição hereditária para reproduzir imagens e ideias semelhantes, mas autóctones. A alusão, mais ou menos consciente do artista, ao fenômeno moderno dos Ovnis, lança uma

Quadro 1. Visão de um Ovni

Quadro 2. O semeador de fogo (Erhard Jacoby)

Quadro 3. A quarta dimensão (Peter Birkhäuser)

Quadro 4. Quadro de Yves Tanguy (indicação desconhecida)

Quadro 5. Folheto de Basileia (1566)
(Coleção "Wickiana", Zentralbibliothek de Zurique)

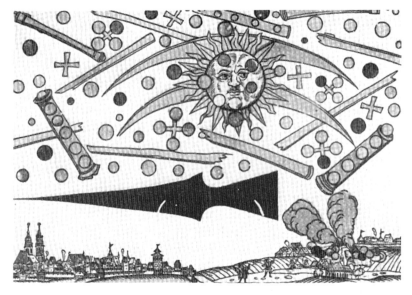

Quadro 6. Folheto de Nuremberg (1561)
(Coleção "Wickiana", Zentralbibliothek de Zurique)

Quadro 7. O peregrino espiritual descobre um outro mundo
Gravura em madeira (século XIX)

Quadro 8. Animação da criança no ventre materno
Do manuscrito *"Scivias"* de Hildergard von Bingen (século XII)

luz sobre o parentesco interno entre os dois complexos de ideias: um explica o outro, justatamente porque ambos procedem da mesma fonte. O que caracteriza um outro quadro, do mesmo pintor, é que ele tem um motivo parecido como o do sonho 2, em azul e branco. É uma paisagem primaveril. Por cima, se curva um céu, cujo azul é atenuado por uma névoa prateada. Mas, num lugar, o fino véu de névoa é quebrado por uma abertura circular, através da qual se pode ver o azul escuro do céu descoberto. A cada lado do círculo se estende horizontalmente uma nuvenzinha, de forma que o conjunto aparenta ser um olho. Embaixo, numa estrada do campo, transitam rápidos automóveis, extremamente reais. "Eles não o veem", me explica o pintor. Neste quadro, o Ovni corresponde ao tradicional "olho de Deus", que olha do céu.

Nestes complexos simbólicos de representação, as imagens são arquetípicas e não resultaram, como se poderia supor, das recentes observações de Ovnis, mas estiveram sempre presentes. Assim, há relatos históricos, de décadas e séculos anteriores, com um teor parecido. Já trinta anos atrás, antes mesmo que se falasse em "discos voadores", eu observei tais visões em sonhos, como, por exemplo, uma quantidade de pequenos sóis ou moedas de ouro que desciam do céu; ou a figura de um rapaz, cuja roupagem era constituída de círculos dourados brilhantes, de um peregrino nos campos das estrelas; ou a ascensão de um corpo parecido com o sol, que, no decorrer da série de visões, se transformou num mandala. Assim também, me lembro de um quadro que vi em 1919: embaixo, uma cidade que se estendia ao longo da beira-mar, a vista cotidiana de um porto moderno com barcos, chaminés de fábricas fumegantes, fortes com canhões e soldados etc. Acima, estende-se uma densa camada de nuvens, e sobre ela roda uma "imagem marcante"[4], um disco brilhante, rotativo, dividido em quadrantes por uma cruz vermelha, uniforme. São dois mundos diferentes, separados por uma camada de nuvens, que não se tocam.

Desde o começo, os relatos sobre Ovnis me interessaram como um possível boato simbólico, e, desde 1947, tenho colecionado todas as publicações que me foi possível adquirir, pois elas me pareciam co-

---

4. *Fausto*, 2ª parte, p. 371. Cf. *Psicologia e alquimia*. Op. cit., § 203.

98 Obra Completa — Vol. 10/4

incidir, de forma impressionante, com o símbolo do mandala, que publiquei pela primeira vez em 1927[5]. Aos distintos senhores, testemunhas oculares, e peritos em radares, deve-se conceder, com prazer, o benefício da dúvida. Mas devemos alertar que existe uma indubitável semelhança entre as aparições de Ovnis e as condições psicológicas e psíquicas, que não deveriam ser ignoradas no julgamento e na avaliação das observações. Sem contar com a possibilidade de uma explicação psicológica do fenômeno, a comparação também lança uma luz sobre a compensação do coletivo que deprime os ânimos. O sentido do boato dos Ovnis não se restringe, na verdade, a um *sintoma* tido como causal, mas tem o valor e o significado de um *símbolo* vivo, isto é, de um fator dinâmico atuante que porém, devido à incompreensão e à ignorância reinantes, tem que se restringir à produção de um boato visionário. O fato de que as configurações arquetípicas, de acordo com a experiência, possuem numinosidade, não só causa a divulgação do boato, em termos de espaço e de conteúdo, como também a sua persistência. A numinosidade do complexo de representação de imagens tem, além do mais, como consequência, incentivar pensamentos mais precisos e pesquisas mais cuidadosas, até que um dia alguém se pergunte: o que significa um boato deste tipo em nossa época? Que tipo de desenvolvimentos futuros estão se preparando no inconsciente do homem moderno? Pois muito antes que uma Palas, totalmente armada, emergisse da cabeça do pai universal Zeus, os sonhos se ocupavam já com este tema, transmitindo esquemas abortivos do mesmo para o consciente. Depende de nós ajudar as coisas vindouras a nascer, através da compreensão, e apoiar o seu efeito terapêutico; ou oprimi-las com preconceitos, estreiteza mental e ignorância, transformando, assim, os seus efeitos benéficos no contrário, ou seja, em veneno e desagregação.

732   Estou preparado para a pergunta que sempre me foi colocada pelos meus pacientes: de que serve uma compensação, que pela sua forma simbólica não é entendida pelo consciente? Deixando de lado aqueles casos não raros em que pensar um pouquinho já seria sufici-

---

5. No livro editado em conjunto com WILHELM, R. *O segredo da flor de ouro*. 12. ed. Petrópolis: Vozes, 2010.

Um mito moderno sobre coisas vistas no céu

ente para entender o significado do sonho, certamente, pode valer como regra o fato de que a compensação não seja, sem mais nem menos, transparente e que, por isso, passe facilmente despercebida. A linguagem do inconsciente não tem a clareza intencional da linguagem do consciente, porque se compõe da condensação de muitos dados frequentemente subliminares, cuja ligação com o conteúdo consciente é desconhecida. A sua formação não acontece em virtude de um julgamento dirigido, mas segue um *pattern* (padrão) instintivo, arcaico, que, devido ao seu caráter místico, não é mais aceito pela razão. A reação do inconsciente é um fenômeno natural, que não se preocupa com a pessoa do homem, de forma benevolente ou julgadora, mas é regulada exclusivamente pelas necessidades do equilíbrio psíquico. Assim, num determinado caso, também um sonho não compreendido pode atuar de forma compensatória, como já vi várias vezes, se bem que, via de regra, a compreensão consciente seja imprescindível, de acordo com a frase alquímica: "*Quod natura relinquit imperfectum, ars perficit*" (O que a natureza deixa incompleto, é completado pela arte). Se não fosse assim, os pensamentos e esforços humanos seriam dispensáveis. Frequentemente, o consciente, por sua vez, se mostra incapaz de reconhecer, em toda a sua extensão e alcance, certas situações vitais, criadas até por ele mesmo, provocando, assim, o contexto subliminar do inconsciente, vazado numa linguagem antiquada, com um ou vários sentidos, e não em linguagem racional. Já que as suas metáforas alcançam as profundezas da história da evolução da mente humana, o seu intérprete precisaria de conhecimentos históricos para poder compreender o seu significado.

Isto também acontece no nosso quadro: é um quadro que só revela o seu significado, graças à amplificação histórica. O medo, por cujo motivo o quadro foi pintado, explica-se através da colisão do mundo da consciência do artista com uma aparição estranha, que parece ser proveniente de outras esferas desconhecidas do ser. Este mundo de trás, de baixo e de cima, se nos apresenta como o inconsciente, que contribui com os seus conteúdos subliminares, na restante composição, consciente e voluntária, do quadro. Daí resulta a figura de um *homo maximus*, um *anthropos* e *filius hominis* (homem e filho do homem), de natureza incandescente, que manifesta a sua divindade, isto é, a sua numinosidade, evocando figuras parecidas com Henoc, Cristo[6], Elias, ou as visões de Daniel e Ezequiel. Já que o fogo de Javé castiga, mata e devora, deixa-se ao critério do observador pensar também no "fogo da ira", de Jacob Böhme, que contém o próprio inferno, incluindo Lúcifer. Por isso, as chamas espalhadas podem significar o entusiasmo do Espírito Santo, como também o fogo das paixões perversas, ou seja, aqueles extremos carregados de afeto, dos quais a natureza humana é capaz, mas que, no cotidiano, são repudiados, reprimidos, escondidos, ou, acima de tudo, inconscientes. Certamente, não é sem um motivo mais profundo que o nome "Lúcifer" (portador ou carregador da luz) seja adequado para ambos, para Cristo e para o Diabo. A cena da tentação de Mateus 4,3s. relata a cisão e a luta, tantas vezes mencionada, contra o diabo e seus anjos, a oposição mútua e, ao mesmo tempo, a ligação interna do julgamento moral. Um só oposto existe ali, onde duas existências se contrariam, mas não onde uma está e a outra não, ou onde existe só uma dependência unilateral, ou seja, onde só o bem tem uma substância e não o mal.

734 A figura do fogo é dúbia, e por isso une os opostos. É um "símbolo unificante", isto é, uma totalidade superior à consciência humana, que "complementa", em todos os sentidos, o estado fragmentário do homem unicamente consciente. É ao mesmo tempo salvador e destruidor. O que quer que aconteça, se haverá prosperidade ou destruição, depende da compreensão e da decisão ética do indivíduo. O nosso quadro representa, por isso, algo como uma mensagem para o homem hodierno, um alerta para perceber os "sinais que aparecem no céu", e para interpretá-los corretamente.

735 O espelhamento do fenômeno dos Ovnis na fantasia do pintor resulta num quadro de traços básicos parecidos, como aqueles que encontramos na discussão dos sonhos. Aparece um ser, que pertence a uma dimensão, a um mundo dos deuses, que parece não ter ligação nenhuma com a nossa realidade. O quadro dá a impressão de ser a visão de um único escolhido, que tem o dom de ver e de entender, de uma forma muito especial, o que os deuses fazem secretamente na terra. A interpretação que o pintor dá ao fenômeno dis-

---

6. "Eu vim deitar fogo à terra" (Lc 12,49).

Um mito moderno sobre coisas vistas no céu

tancia-se infinitamente da opinião geral de que os Ovnis sejam máquinas espaciais dirigidas.

Quadro 3: A quarta dimensão

Da mesma forma que o quadro mencionado anteriormente, este também foi pintado nos dias de hoje. Para evitar mal-entendidos, quero logo alertar que ele foi pintado sobre tela e que, por este motivo, o tratamento particular que recebeu o fundo do quadro não pretende representar a aparência nem o uso de veios de madeira para sua composição. O propósito do pintor é representar um crescimento ou uma fluidez. Também ele usa a *skyline* (silhueta) de uma cidade, para destacar um traço horizontal que atravessa o quadro. Enquanto Jacoby coloca a cidade lá embaixo, na terra, em contraste com o amplo e alto céu noturno (como o quadro que mencionei acima, de uma série de "imaginações ativas"), Birkhäuser empurrou a linha horizontal para cima, para, desta forma, insinuar que a natureza do fundo desce, também, através das profundezas da terra. A cor da cidade é um vermelho mais escuro, esmaecido, enquanto que a do fundo é clara, de um verde azulado aguado, e palidamente amarelado, com fortes traços de vermelho.

Neste fundo, aparecem catorze formas redondas, mais claras umas, menos claras outras. Dez delas formam os olhos de rostos humanos, ou de animais, só em parte insinuados. Os quatro restantes parecem nós de madeira, ou corpos redondos, escuros, livremente flutuantes, alguns como se tivessem um halo. Da boca do rosto grande na parte de cima jorra água, que se derrama cidade abaixo. Um rosto não toca o outro, sugerindo-se, assim, que se trata de algo incomensurável que acontece em dois níveis totalmente diversos, parte na vertical, parte na horizontal. Já que na horizontal há uma cidade tridimensional, que do lado esquerdo recebe uma luz e não interfere no fundo, então, em relação a este fundo, só se pode pensar numa quarta dimensão. As linhas de intersecção dos dois mundos formam uma cruz (cidade e cachoeira). A única relação perceptível entre os dois mundos está no olhar do grande rosto em direção à cidade. Como insinuam os orifícios nasais acentuados e os olhos anormalmente separados, o rosto é só parcialmente humano. Entre os outros rostos, só o da esquerda, na parte de cima, é, indubitavelmente, humano. Um outro rosto abaixo, à esquerda, é só obscuramente reconhecível. Se considerarmos o rosto do meio, que se destaca pelo seu tamanho e pelo fato de que da sua boca jorra água, como do rosto principal, e como da fonte, obteremos, como estrutura básica, um quincunce, ou seja,

738   Este é um símbolo da *quinta essentia*, idêntico à *lapis*, a pedra dos filósofos. É o círculo dividido em quatro com o centro, é a divindade desdobrada nas quatro direções, ou a base da consciência determinada pelas quatro funções, ou seja, o si-mesmo. A quaternidade, aqui, tem a estrutura de 3 + 1, três rostos de animais-demônios, e um humano. Este fato característico do nosso quadro lembra a frequente quaternidade simbólico-histórica que Platão já traçou no *Timeu*, e que, antes ainda, vivenciou Ezequiel, na sua visão dos quatro serafins. Um tinha rosto humano, e os outros três, rostos de animais. O tema também aparece em certas ilustrações dos filhos de Hórus e nas figuras que simbolizam os evangelistas, como também nos três Evangelhos sinóticos e um "gnóstico", e, *last but not least*, também nas quatro personagens da metafísica cristã: Trindade e Diabo. Na alquimia, a estrutura 3 + 1 é um tema constante, e é atribuída à filósofa Maria, a copta, ou judia (séculos II e III). Também Goethe retomou este tema, na cena dos Cabiros (*Fausto*, parte II). O número quatro, como divisão natural do círculo, é um símbolo da totalidade da filosofia alquímica, que se estende por mais de dezessete séculos. Não se deve esquecer também que o símbolo central cristão é um quatérnio, e, mesmo em forma de uma cruz comprida, representa a estrutura 3 + 1[7].

---

7. No livro de H.G. Wells, a *time machine* tem três colunas visíveis, enquanto a quarta é só levemente perceptível.

Um mito moderno sobre coisas vistas no céu

O quadro em questão descreve, como no anterior, a colisão de 739 dois mundos incomensuráveis, um vertical e outro horizontal, que se tangem num ponto só, ou seja, no caso anterior, na intenção do semeador de semear fogo sobre a terra, e neste, nos olhos que olham para a terra.

No tocante aos quatro círculos[8], que não são olhos, deve-se perceber que só um deles representa um círculo completo. Um segundo 740 círculo (à direita, na parte de cima) é claro com um centro escuro; um terceiro é escuro, mas parcialmente coberto pela água que flui; e, finalmente, um quarto parece deixar escapar do seu orifício um vapor esbranquiçado, que flui para baixo. Então, trata-se de um quatérnio diferenciado, em comparação a um octênio de olhos, não diferenciados, que fazem parte de uma quaternidade, com a estrutura 3 + 1, se quisermos deixar de lado o rosto principal.

É difícil saber quanto há de animalesco ou de humano no rosto 741 principal. Já que este representa, ao mesmo tempo, a "fonte de água viva" (*quinta essentia, aurum potabile, aqua permanens, vinum ardens, elixir vitae* etc. são sinônimos) e parece ser composto de três quartas partes animais e uma humana, é compreensível seu caráter duvidosamente humano. Pensa-se no ser "com aparência humana", surgindo na pedra de safira da visão de Ezequiel, e que lembra o caráter selvagem de Javé, como se vê em vários trechos do Antigo Testamento. No mundo de imagens cristãs, ocorre o contrário: a Trindade é composta por três pessoas humanas (antigamente, com frequência, representadas por um tricéfalo), e a quarta, o Diabo, tradicionalmente ilustrado como meio animal. O nosso mandala (círculo simbólico) parece comportar-se como complemento da totalidade cristã.

Mais um outro aspecto merece destaque: os dois rostos inferiores 742 estão em posição contrária aos de cima, mas não são espelhados, e sim, seres independentes, que representam, desta forma, um sub-

---

8. Na discussão dos corpos redondos, gostaria de lembrar a *Noite estrelada* (1889), de Van Gogh, cuja observação me foi sugerida por amigos. Lá, as estrelas foram pintadas como grandes discos brilhantes, de uma forma como nunca se apresentaram ao olho humano. Falando da sua pintura, o artista usa a expressão "delírio panteísta", ou chama-a de "rastro de uma fantasia apocalíptica", e compara os discos-estrelas "com um grupo de figuras vivas, que são como nós". O quadro seria proveniente de um sonho.

mundo, ou um mundo adverso. Além do mais, um dos rostos é claro e o outro notavelmente escuro, possuindo algo como uma orelha pontuda. Em contrapartida a esta oposição, a água flui, sem dúvida, num só sentido, de cima para baixo, de forma que é representada por uma queda. A fonte não só está acima da linha do horizonte, mas, também, acima da metade do quadro, caracterizando, desta forma, o mundo superior como a sede da fonte da vida. Já que o corpo tridimensional geralmente é compreendido como o lugar de origem da "força vital", aqui se trata de uma compensação, em que a fonte é transferida para a quarta dimensão. Ela flui do centro ideário do rosto principal. A quarta dimensão é, então, só aparentemente simétrica, mas, na realidade, é assimétrica – um problema que, na mesma medida, é relevante, tanto para a física nuclear quanto para a psicologia do inconsciente.

743   O fundo "quadridimensional" do quadro é "visual" (rosto), no duplo sentido de ver e ser visto. Tudo parece ser extremamente casual, feito assim como foi, mas poderia ser também totalmente diferente, se o capricho do destino assim o quisesse: pontos indefinidos, espalhados sobre uma superfície pouco caracterizada, a maioria delas servindo de forma não intencional de olhos, em rostos indefinidos, entre animal e humano, carecendo de uma expressão determinada. Um visual deste tipo não favorece o interesse, ele até desestimula qualquer tentativa de aproximação, pois as formações casuais da natureza – quando não destacadas por um acento estético – não costumam chamar a atenção. A sua casualidade faz com que a menor tentativa de interpretar o seu sentido pareça uma invenção tola da fantasia. Aqui se faz necessário aquele interesse do psicólogo, que, para o leigo, tão frequentemente parece incompreensível, e que, seguindo um obscuro impulso pela ordem, usa, nesta situação, o meio mais primitivo, ou seja, a contagem. Pois, onde há poucas ou nenhuma característica comparável, permanece, como esquema de ordem, o número. Pelo menos, os pequenos discos, ou buracos, estão definidos como circulares, e a maioria deles, como olhos. Só por acaso – repito – resultam números e outras disposições, cuja repetição teria uma probabilidade ínfima. Por isso é que, em casos como este, devemos abster-nos de qualquer tipo de pensamento estatístico, ou experimental, já que, neste caso, uma verificação científica requeriria cifras astronômicas. Análises como estas só seriam possíveis,

onde um teste, extremamente simples, pudesse ser repetido várias vezes em pouquíssimo tempo, como, por exemplo, a bateria de testes de Rhine. Por isso, o nosso caso representa um fato único e complexo, sobre o qual, do ponto de vista estatístico, pode-se dizer que não significa nada. Mas já que estamos aqui, lidando com psicologia, onde curiosidades como estas podem ser significativas, porque o consciente é impressionado involuntariamente pela sua numinosidade, então, o fato deve ser levado em consideração, por mais inverossímil e irracional que pareça – justamente porque representa um fator importante do acontecimento psíquico. Mas, com isso, como quero acentuar, nada está provado.

A psicologia que aborda o homem de forma prática não pode se contentar com médias, que só informam sobre o comportamento geral, mas deve dar uma atenção especial às exceções individuais, que são vítimas da estatística. A alma humana não atinge o seu verdadeiro sentido na média, mas na unidade, que é eliminada pelo tratamento científico. Os testes de Rhine mostram (se a experiência prática já não o fez anteriormente) que o inverossímil pode acontecer, e que a nossa imagem do mundo só corresponde à realidade, quando o inverossímil também tem o seu devido lugar. Um posicionamento estritamente científico não combina com este tipo de enfoque, o que não impede que, sem exceções, também não exista estatística. A tudo isso devemos acrescentar que as exceções, em relação à realidade, são quase mais importantes do que a média.   744

A nossa pintura permite certas conclusões sobre a natureza das formas que aparecem no céu. O "céu" não é aquele espaço aéreo azul que vemos, e também não é o universo estrelado, mas uma estranha quarta dimensão, que contém superanimais e super-homens, além de discos escuros, ou buracos redondos. Se são buracos, então, trata-se de corpos tridimensionais, que carecem de uma quarta dimensão. O fundo tem, como já dissemos, um caráter fluente "aguado", e por isso está em total oposição à natureza exclusivamente fogosa do quadro anterior. Fogo é alegoria de dinâmica, paixão e emoção; água ao contrário, devido à sua frieza e substancialidade, representa o *patiens* (tudo o que padece), o objeto passivo, a contemplação distante, portanto, a *aqua doctrinae*, a que mata a sede, e o *refrigerium*, aquilo que apaga o fogo, ou seja, a "salamandra" da alquimia.   745

746 Como dizem os velhos mestres, *"Aqua nostra ignis est"* (a nossa água é fogo), aqui se trata de uma identidade que, no entanto, se decompõe no pensamento em opostos, como também acontece com a imagem inconsciente de Deus. Este suposto mistério faz parte de todo ser – é assim, e não é assim – especialmente no inconsciente cuja realidade só podemos conhecer, como se diz, de forma alusiva. Assim também, uma quarta dimensão só pode ser entendida como ficção matemática, como uma perspicácia da nossa razão, ou como uma revelação do inconsciente, pois dela não temos uma experiência prática.

747 Do arranjo inconsciente dos elementos dos quadros chegamos a compreender que os Ovnis são conteúdos subliminares que se tornaram visíveis como imagens arquetípicas.

Quadro 4: pintura de Yves Tanguy

748 O quadro de Ives Tanguy é de 1927, mais de dez anos antes da época dos grandes bombardeios às cidades. O quadro parece lembrar este tipo de acontecimento. Já que, geralmente, um quadro moderno é difícil de se interpretar, porque pretende suprimir o sentido e a forma, quer dizer, eliminá-los ou substituí-los pela estranheza, segui o método de mostrá-lo às mais diversas pessoas e ao maior número possível delas como se aplicasse um teste de Rorschach. A maioria interpretou o fundo do quadro, executado em preto e branco, e que apresenta um mínimo de compreensão e um máximo de abstração, como uma planície. Esta concepção é fortemente apoiada pelo fato de que o quadro possui uma fonte de luz com uma elevação de aproximadamente 30 a 45 graus, proporcionando sombra às cinco figuras centrais. Estas sombras incidem claramente sobre uma planície. A interpretação desta varia sensivelmente: alguns querem reconhecer nela um mar, coberto de blocos de gelo, na noite polar; outros, um mar noturno, nebuloso; outros, a superfície de um planeta deserto, distante do Sol, como Urano ou Netuno, e outros, por sua vez, uma cidade grande, como São Francisco ou Nova York, situada ao longo de baías, mergulhada numa penumbra noturna. O quincunce estranho que aparece sobre a cidade deixa a maioria perplexa. Mas alguns o interpretam, imediatamente, por um lado, como bombas que caem, por outro (especialmente a do centro), como uma explosão.

Na figura central, alguns veem um animal marinho (anêmona do mar, pólipo etc.), ou uma flor; outros, um rosto demoníaco com cabelos emaranhados (olhando para baixo, à esquerda); e outros, ainda, as nuvens de névoa e fumaça de um grande incêndio. Da mesma forma, as quatro figuras que a rodeiam também são compreendidas como uma espécie de animal marinho, formações de fumaça, fungos gelatinosos, ou, devido aos chifres, como demônios diabólicos. A figura (à esquerda, centro do quadro), que é destacada através de um verde-amarelo vivo, dentre as outras figuras, apagadas e indefinidamente coloridas, é entendida como fumaça venenosa, planta aquática, chama, incêndio de uma casa ou coisas parecidas. Como se pode reconhecer claramente, em quase todos os pontos, as figuras fazem sombra sobre uma superfície que está abaixo delas. Tenho que confessar que a comparação com uma metrópole noturna à beira-mar, pressupondo um ponto de observação bastante alto, como, por exemplo, o de um avião, é a que eu considero mais viável. O artista era, originalmente, um marinheiro, e, como tal, teria oportunidade de ter tais impressões.

O horizonte se perde sob formações nebulosas, sobre as quais 749 paira uma luminosidade redonda, indeterminada, que se choca com uma formação de nuvens (?), em forma de charuto, fracamente iluminada. No centro da luminosidade encontra-se, como que acidentalmente, uma mancha, que na fotografia só se vê tenuemente, da mesma cor da chama (esquerda, acima, no quincunce). Uma segunda mancha de tinta, idêntica, que se vê claramente, está mais baixa (centro do quadro, à direita), diretamente sobre a cidade (?). Uma linha fina liga-a a uma mancha do mesmo tipo, que aparece como uma extensão da chama (?). O formato longitudinal da segunda mancha aponta para o centro de círculos concêntricos, pouco visíveis, que parecem insinuar uma rotação. É interessante que só a mancha inicialmente citada (centro do quadro, acima), esteja em conexão com círculos iguais. Lamentavelmente, ela não pode ser reconhecida na fotografia, por ser muito escura, mas, sim, no original, com a devida iluminação. No quadro, só aparece uma luminosidade elíptica, que circunda a mancha amarelada. Apalpando os círculos, sente-se que são como linhas levemente em relevo. Ou foram feitos com tinta ali colocada, ou, mais provavelmente, com tinta raspada com um instrumento pontiagudo. Mas não há dúvida sobre a sua natureza circular, que é visível na figura concêntrica mais baixa.

750 Aparentemente, trata-se, no caso destes detalhes, de meras casualidades. Esta impressão também se deu, em parte, no quadro anterior. Contra a opinião da pura casualidade, simplesmente não há nada a objetar. Mas, se prosseguirmos de forma comparativa, aí a situação adquire um aspecto um tanto diferente. Como que por acaso, aparecem duas figuras redondas escuras, quase invisíveis, e casualmente também uma forma de charuto no céu noturno, além de uma luminosidade tenuemente elíptica, com uma pequena mancha clara, como também uma linha que liga a segunda figura redonda à chama. Facilmente pode-se seguir o mesmo caminho e interpretar que a chama pertença a um projétil, que veio da figura redonda escura, isto é – como hoje diríamos –, de um Ovni, ao qual, entre outras coisas, pode-se atribuir tendências piromaníacas. Aqui, ele semeia fogo, pois uma linha nítida o leva até a chama, onde termina. É certo que há uma quantidade de outras linhas, como ondas que atravessam o quadro na horizontal, parte como estradas, parte como linhas de demarcação. Será que elas têm alguma relação com as imagens no céu? Tantas coisas neste quadro permanecem conjeturas! Assim, também, por exemplo, as figuras corpóreas, que não podem ser mais definidas, e que, junto com a chama, compõem um quatérnio com a estrutura 3 + 1. A figura do centro, também quase que inexplicável, é pelo menos, sem dúvida, de uma constituição diferente, mais nebulosa, e desta forma caracterizada como diferente das outras, apesar de esta fazer sombra como as outras.

751 A descrição do quadro seria incompleta, se eu deixasse de mencionar uma relação importante que aparece, se observarmos mais de perto: a forma cilíndrica, fálica, da nuvem (?) à esquerda, acima, está dirigida para os círculos insinuados, respectivamente, para a figura redonda luminar, e isto poderia ser interpretado, sexualmente, como coabitação. Desta figura redonda emerge, como se pode perceber nitidamente, no centro, acima, a pequena chama que, por sua vez, está ligada à grande chama (abaixo, à esquerda). A chama, como a chamamos, é aquele um que se diferencia das três. É, pois, aquela função diferenciada frente às três, não diferenciadas, e com isso, psicologicamente, a função principal, ou o contrário. As quatro juntas formam

um símbolo de totalidade desdobrado, o si-mesmo na sua forma empírica. O nome de uma divindade gnóstica é Barbeio, que significa "Deus é o quatro". Na antiga representação cristã, a unidade do Deus que se tornou visível repousa sobre os "quatro", isto é, sobre as "colunas" dos quatro Evangelhos (que representam a estrutura 3 + 1), como o "monogenes" gnóstico (*unigenitus*, unigênito) está sobre a trápeza (isto é, tetrápeza, quadrúpede = mesa). Cristo é a cabeça da *Ecclesia* (comunidade). Como Deus, ele é a unidade da trindade, e como filho do homem histórico e *anthropos*, é o exemplo do homem individual interno e, ao mesmo tempo, ápice, meta e totalidade do homem empírico. Assim, resulta o quadro, como que por acaso, de um *hierósgamos* (casamento sagrado), que acontece no céu, e é seguido pelo nascimento de um salvador e de uma epifania na terra.

O quadro se destaca por uma linha horizontal acentuada. A vertical aparece claramente no quatérnio e no aspecto dramático, da origem celeste do fogo. A comparação com um bombardeio não deve ser descartada sem menos, pois, na época em que o quadro foi pintado, essa possibilidade estava no ar, por um lado como lembrança, por outro, como pressentimento. O aparecimento de formas de Ovnis na parte de cima e o estranho acontecimento embaixo criam uma linha vertical impressionante, que facilmente poderia ser interpretada como o começo de uma outra ordem das coisas. O fulcro do quadro está, sem dúvida, no quincunce, do qual já tratamos suficientemente acima. É representado como um verdadeiro enigma, que, certamente, corresponde à intenção do artista. Este, sem dúvida, conseguiu expressar o deserto, a frieza, a distância da vida, e até a "desumanidade" cósmica e o abandono ilimitado, na horizontal, apesar da ideia de "metrópole". Desta forma, ele confirma a tendência deste tipo de arte moderna, de tornar o objeto irreconhecível e assim barrar a participação e a compreensão do observador, que, chocado e confuso, sente-se jogado contra si mesmo.

752

O efeito psicológico é comparável ao teste de Rorschach, em que um quadro puramente casual e irracional apela para as forças igualmente irracionais da imaginação do espectador, fazendo com que a sua disposição inconsciente participe do jogo. Onde o interesse manifestado é interrompido tão bruscamente, ele recai sobre o assim chamado "fator subjetivo", aumentando sua carga energética – fenô-

753

meno claramente expresso nos testes iniciais de associação. A palavra isolada que o experimentador lança como estímulo tem um efeito atordoante, por não ser, de forma alguma, explícita, colocando, por isso, a pessoa a ser testada em certo estado constrangedor. Ela não sabe bem como deve responder, e por isso resultam destas experiências uma variedade extraordinária de respostas – e o mais importante – uma quantidade notável de reações perturbadas[9], provocadas pela intromissão de conteúdos inconscientes.

754   O mau acolhimento do interesse devido à falta de clareza resulta em introversão e numa constelação do inconsciente. O mesmo efeito tem, também, a arte moderna em questão. Por isso, podemos atribuir-lhe uma intenção, consciente ou inconsciente, de provocar no espectador um ponto de vista ascético, afastado do "mundo" compreensível e agradável, forçando, em seu lugar, uma revelação do inconsciente, substituindo a falta de um meio ambiente perdido, acessível ao ser humano. O objetivo da aplicação prática do teste de associação e do teste de Rorschach é fornecer informações sobre a constituição dos subestratos da consciência. Eles realizam esta tarefa com grande sucesso. A "bateria de testes" da arte moderna é, evidentemente, a mesma: ela faz ao espectador estas perguntas: "Como você reage? Como você pensa? Que tipo de fantasia o importuna?" Isto significa, em outras palavras, que a arte moderna só visa, aparentemente, o quadro criado por ela. Na realidade, porém, está voltada para o sujeito observador e sua reação involuntária. Quando olhamos mais atentamente e vemos tons coloridos numa moldura, nosso interesse se acende, descobrindo, logo a seguir, uma figuração que expõe ao ridículo qualquer compreensão humana. Sentimos desilusão e já estamos novamente entregues a uma reação subjetiva que extravasa todo tipo de exclamações. Quem souber lê-las, pode aprender muitas coisas sobre a disposição subjetiva do observador, mas pouco ou nada sobre o quadro como tal. Este não lhe significa nada mais do que um teste psicológico. Isto pode parecer depreciativo, mas somente para aquele que se sente incomodado pelo "fator subjetivo", como sendo a verdadeira constituição da alma. Mas, se um interesse

---

9. Inibição, ausência, ato falho, esquecimento posterior etc., formam as assim chamadas características do complexo.

estiver relacionado com sua alma, então ele se voltará para ela, e tentará analisar mais de perto seus complexos que foram despertados.

Mas já que até a fantasia mais ousada do artista criativo – por mais que ela tenha ultrapassado o limite da compreensão – está presa aos limites das possibilidades psíquicas, nos seus quadros podem aparecer certas formas que lhe são desconhecidas, mas indicam limitações e certezas. Isto ocorre no caso do quadro de Tanguy, o quincunce, o quatérnio com a estrutura 3 + 1, e, além disso tudo, os "sinais do céu" da figura redonda e da forma de charuto; em outras palavras, os arquétipos. Na tentativa de abandonar o mundo das coisas visíveis e compreensíveis e de movimentar-se no campo ilimitado do caos, a arte representativa faz emergir, em medida totalmente diferente da dos testes psicológicos, os "complexos", que, no entanto, se despojaram do seu aspecto usualmente pessoal, e por isso aparecem como aquilo que inicialmente eram: formas originais dos instintos. Elas são de natureza suprapessoais, isto é, de natureza coletivo-inconsciente. Complexos pessoais se formam sempre que acontecem colisões com a predisposição instintiva. Estes são os pontos de adaptação defeituosa cuja sensibilidade provoca afetos. E são os afetos que tiram do homem civilizado a máscara da adaptabilidade. Parece que esta é a meta, em cuja direção a nossa arte moderna indiretamente trabalha. É claro que hoje ainda parecem prevalecer neste campo uma arbitrariedade extrema e um caos interminável, mas a consequente perda de beleza e sentido é retribuída pelo fortalecimento do inconsciente. Já que este não é caótico, mas está dentro da ordem da natureza, podemos esperar que, com o tempo, surjam figurações que manifestem esta ordem. Este me parece ser o caso, nos exemplos apresentados. Como que acidentalmente, aparecem no caos das possibilidades princípios de ordem inesperados que têm um parentesco próximo com as dominantes psíquicas dos éons, mas ao mesmo tempo também fazem emergir uma fantasia coletiva, característica da nossa época tecnológica, e, num passe de mágica, a colocam no céu.

Quadros como estes são raros, mas não impossíveis de serem achados. Assim também só alguns poucos têm visto um Ovni; mesmo assim, não se pode duvidar da existência do boato. Este atraiu até a atenção dos militares, tão afeitos a um realismo extremo. A quem quiser ter uma ideia, independente da minha opinião, sobre a extensão da lenda dos Ovnis, aconselho a leitura do livro de Edgar Sievers,

Flying Saucers über Südafrika. A obra é discutível em muitos pontos, mas oferece um bom apanhado dos esforços que um contemporâneo inteligente e bem intencionado está disposto a fazer, quando quer se dedicar a esclarecer os Ovnis. Sem dúvida, o assunto que induz o nosso autor a movimentar céus e terras é desafiante. O que, lamentavelmente, lhe falta é o conhecimento da psicologia do inconsciente, que, neste caso, certamente deveria ser considerada em primeiro lugar. Mas esta lacuna de conhecimento ele compartilha com a avassaladora maioria dos seus contemporâneos. Seu livro expõe grande número de antigas e novas tentativas de explicação, que se baseiam em pontos de vista científicos e filosóficos como também, infelizmente, em afirmações teosóficas impossíveis de se verificar. Mas a falta de crítica e a credulidade, que, em outras áreas, seriam deméritos, prestam aqui bons serviços, formando uma coletânea das mais heterogêneas especulações sobre o problema dos Ovnis. Por isso, quem se interessar pela psicologia deste boato, não terá lido este livro sem proveito, pois ele oferece uma visão completa sobre a fenomenologia psíquica dos Ovnis.

4. A história do fenômeno dos Ovnis

757   Apesar de a publicidade sobre Ovnis só ter começado por volta do final da Segunda Guerra Mundial, o fenômeno já era conhecido antes, e não foi somente observado na primeira metade do século XX, mas, talvez, já na Antiguidade foi observado e registrado. Na literatura sobre os Ovnis, há compilações dos mais variados relatórios do gênero, que, no entanto, precisam de uma abordagem crítica. Quero poupar-me deste trabalho, apresentando ao leitor somente alguns exemplos.

Quadro 5: Folheto de Basileia, de 1566

758   Neste caso, trata-se de um folheto redigido por Samuel Coccius, "estudioso das Sagradas Escrituras e artes livres, em Basileia", em agosto de 1566. Relata que, no dia 7 de agosto desse ano, no horário da *aurora,* "muitas bolas grandes e pretas foram vistas no ar; com grande velocidade rumaram rapidamente em direção ao Sol. Voltaram-se, também, umas contra as outras, como se disputassem uma luta; várias delas ficaram vermelhas e incandescentes, depois foram devoradas (pelas chamas) e se apagaram".

Como mostra a ilustração, a observação aconteceu em Basileia. 759
O quadro mostra a praça Münsterplatz, e o Antistitium. A cor escura
dos Ovnis resulta, certamente, do fato de terem sido vistos contra a
luz do sol nascente. Outros, entretanto, são claros (e até incandescentes). Características dos Ovnis são a velocidade e a irregularidade intencional do movimento.

Quadro 6: Folheto de Nuremberg, de 1561

O folheto é proveniente de Nuremberg e conta a notícia de uma 760
"visão muito apavorante", no horário da *aurora,* no dia 14 de abril de
1561. Foi vista "por muitos homens e mulheres". Eram "bolas" de
cor vermelha como sangue, azulada e preta, ou "discos", em grande
número, perto do sol, "mais ou menos três enfileirados, / às vezes,
quatro formando um quadrado / também vários soltos / e, entre essas
bolas, foram vistas, também, várias cruzes cor de sangue". Também
foram vistos "dois tubos grandes" (respectivamente três)... "tubos
pequenos e grandes, / nos quais havia três, / também quatro ou mais
bolas. Tudo isso começou a brigar entre si". Isso durou aproximadamente uma hora. Depois, "tudo caiu do céu, como que ofuscado pelo
sol, / sobre a terra, como se tudo estivesse queimando e desapareceu
como uma grande nuvem de vapor, lentamente, sobre a terra". Da
mesma forma, foi vista entre as bolas uma forma longitudinal, "igual
a uma grande lança preta". Obviamente, esta "visão" foi compreendida como um aviso divino.

Como o leitor não deve ter deixado de perceber, este relatório 761
contém detalhes que nos lembram coisas já mencionadas. Em especial, aparecem, aí, os "tubos", que são análogos às figuras cilíndricas
dos relatórios sobre Ovnis. Para falar em linguagem de Ovnis, estas
são "naves-mães", que devem transportar Ovnis menores, lenticulares, através de grandes distâncias. O quadro mostra-as em ação, ou
seja, expelindo ou acolhendo Ovnis. De especial importância são as
quaternidades evidentes, mas que faltam na literatura moderna dos
Ovnis, e que foram vistas, em parte, como simples cruzes, em parte,
como discos ligados em forma de cruz, ou seja, como verdadeiros

114   Obra Completa — Vol. 10/4

mandalas. Casualmente, são *quatro* cruzes simples, e *quatro* mandalas. De forma insinuada, aparece também o tema de 3 + 1, no dilema de 3 e 4. Da mesma forma que a interpretação tecnológica é adequada para a nossa época, assim, também, era a bélica, para o século XVI. As formas redondas são bolas, os "tubos" são canhões, e a disparada de bolas, de um lado para o outro, uma luta de artilharia. A grande ponta de lança preta, como também os cabos de lança (?), parecem representar o masculino, e, especialmente, o penetrante. Coisas parecidas também são relatadas na literatura moderna dos Ovnis.

762   A acentuação do *tema da cruz* chama a atenção. A significação cristã da cruz quase não deveria entrar em cogitação, já que se pode dizer que aqui se trata de uma manifestação da natureza, ou seja, de um enxame de seres redondos, em violento movimento de agitação desordenada, que lembra o narrador de uma batalha. Se os Ovnis fossem seres vivos, então, poder-se-ia pensar numa nuvem de insetos, que se eleva com o sol, não para lutar, mas para se acasalar, isto é, para comemorar uma *festa nupcial.* Neste caso, a cruz é uma união de opostos (verticais e horizontais), um "cruzamento" e, como símbolo de soma, uma junção e adição. Nas quaternidades onde se deu a copulação, trata-se claramente de um acasalamento em cruz, ou seja, do assim chamado *quatérnio nupcial,* que descrevi em meu livro sobre a transferência[1]. Ele forma o modelo do "*cross-cousinmarriage*" primitivo, mas, também ao mesmo tempo, um símbolo de individuação, a unificação do "quatro". As duas "estrias cor de sangue" parecidas com quartos de lua, que passam através do sol, não podem ser explicadas de forma simples.

763   No lugar onde as bolas caíram, elevam-se sobre a terra colunas de fumaça, o que lembra o quadro de Tanguy, como também a quaternidade. O momento do nascimento do sol, a "*aurora consurgens*" (Tomás de Aquino, Jacob Bohme), é sugestivo como revelação de luz. Ambos os relatos não estão somente em clara analogia um com o outro, mas também com os relatos modernos sobre discos voadores, e com as figurações individuais do inconsciente de nossa época.

---

1. Die Psychologie der Ubertragung (§ 422s.).

Um mito moderno sobre coisas vistas no céu 115

Quadro 7: O peregrino espiritual descobre um outro mundo

Este quadro do século XVII, que provavelmente representa uma 764
iluminação da Rosa-cruz[2], procede de uma fonte que me é desconhecida. Do lado direito, ele representa o mundo que nos é conhecido.
O peregrino, que pelo visto está em *pèlerinage de l'âme* (peregrina-
ção da alma), transpõe o limite noturno do seu mundo e vê um outro
universo sobrenatural, com camadas de formações de nuvens, montanhas (?), e outras coisas mais. Aí aparecem as rodas de Ezequiel e figuras redondas como disco; respectivamente, formas como arco-íris que,
provavelmente, representam "esferas celestes". Nestes símbolos, surge
diante de nós um quadro primitivo da visão dos Ovnis, que é propicia-
do aos "iluminados". Aqui, não se pode tratar de corpos celestes, que
fazem parte do mundo empírico, mas são os "rotunda" (redondos),
projetados do mundo interno, ou quadridimensional. Este caso nos é
apresentado mais nitidamente no próximo quadro.

Quadro 8: A animação da criança no ventre materno

Este quadro pertence ao *Rupertsberger Codex Scivias* (Códex 765
Scivias de Rupertsberg) de Hildegard Von Bingen (século XII)[3]. Representa a vivificação, isto é, a animação da criança em formação, no
ventre da mãe. De um mundo superior, penetra um influxo no feto.
Este mundo superior tem, inusitadamente, a forma quadrada, e está
dividido em três partes, correspondendo à Trindade, mas diferente-
mente desta, que deveria ser constituída de três partes iguais. Aqui, o
espaço central é diferente dos outros dois. Ele contém formações redondas, enquanto os outros estão caracterizados pelo tema dos

---

2. Gentilmente colocado à minha disposição pelo Sr. D. Van Houten, de Bergen, Ho-
landa. O Dr. Bruno Weber, Diretor da Pinacoteca da Biblioteca Central de Zurique,
prova, de forma convincente, no trabalho "Ubi caelum terrae se coniungit" (*Guten-
berg-Jahrbuch*, 1973), com bibliografia detalhada e citações por extenso, que o quadro
"der altertümliche Aufriss des Weltgebäudes" procede da obra de Camille Flammarion "L'atmosphère, météorologie populaire" (Paris, 1888), e que, muito provavelmente, é da autoria do mesmo.

3. Reproduzido do livro *Wisse die Wege*. Scivias, de Hildegard von Bigen, com a gentil
autorização da Editora Otto Müller, de Salzburg.

116 Obra Completa — Vol. 10/4

olhos. Como nas rodas de Ezequiel, também aqui os *rotunda* estão associados a olhos.

766 Como explica o texto de Hildegard, o brilho dos "inúmeros olhos" (na realidade são 24 de cada vez), significa o "conhecimento de Deus", isto é, sua visão e conhecimento em referência aos sete olhos de Deus, "que passeiam sobre toda a terra" (Zacarias 4,10). Os *rotunda*, em contrapartida, são os atos de Deus, como por exemplo o envio do seu filho como Salvador (p. 127). Hildegard acrescenta aqui: "Todos os bons, como os maus, aparecem ao conhecimento de Deus, porque este jamais é envolvido por nenhuma escuridão". As almas espirituais dos homens são, na verdade, "bolas de fogo" (p. 120, 126, 130, 133), e provavelmente, assim também, a *anima Christi* deve ter sido uma bola dessas, pois a própria Hildegard interpreta a sua visão, não somente em relação à formação de uma criatura humana em geral, mas especialmente, também em relação a Cristo e à Mãe de Deus (p. 127). O quadrado dividido em três representa o Espírito que a criatura recebe (p. 129). O aspecto gerador do Espírito Santo une a divindade à matéria, como a santa lenda dá claramente a entender. As formas intermediárias entre espírito e matéria são, provavelmente, os *rotunda*, pré-estágios de corpos vivificados e animados, que, em número maior (30), preenchem o espaço do meio do quadrado. O número 30 – ainda que casual – alude à Luna, à dominadora do mundo material, enquanto o número 24 – como as horas de um dia – pertence ao Rei Sol. Desta forma, se sugere o tema da *coniunctio* ($\odot$ e $\mathbb{D}$); certamente, um daqueles muitos casos de disposição inconsciente, que mais tarde foi expressa na definição de Deus, de Nicolau de Cusa, como *complexio oppositorum* (junção dos opostos). Na miniatura, as bolas são cor de fogo; as sementes incandescentes, das quais emergem seres humanos, uma espécie de centeio pneumático. Esta comparação se justifica: a alquimia compara os *rotunda* com os *oculi piscium* (olhos de peixe). Os olhos do peixe sempre estão abertos, como os olhos de Deus. Eles são sinônimos das *scintillae* (centelhas), que, por sua vez, representam "centelhas da alma". Não é impossível que se tenham inserido em Hildegard, como imagens alquímicas, através dos átomos de Demócrito ("*spiritus insertus ato-*

Um mito moderno sobre coisas vistas no céu 117

mis" – o espírito inserido nos átomos)[4]. Algo parecido deve-se dar no caso da quadratura do Espírito Santo.

O quadrado, como a quaternidade, é um símbolo da totalidade na alquimia. Enquanto "quadrangular", ele caracteriza a Terra; a forma redonda pertence ao Espírito. A Terra é feminina, o Espírito, masculino. Certamente, o quadrado é bastante incomum como símbolo do mundo pneumático, mas isso se torna mais compreensível se considerarmos o sexo de Hildegard. Esta simbólica, digna de atenção, reflete-se no conhecido problema da quadratura do círculo, que também representa uma *coniunctio oppositorum*. O "quadrado", na alquimia, faz parte da essência una dessa simbólica, do *Mercurius philosophorum sive quadratus* (Mercúrio dos filósofos, ou quadrado), como característica importante de sua natureza ctônica que lhe é tão própria quanto a espiritualidade (*spiritus mercurialis*). Ele é tanto metal, quanto "espírito". A isso corresponde, na dogmática cristã, que o Espírito Santo, como terceira pessoa da divindade, não permanece uma prerrogativa do Deus feito homem, mas também se estende ao homem comum que leva a *macula peccati* (a mancha do pecado). Claro, estas ideias não existiam de forma explícita na consciência da época de Hildegard, mas implicitamente eram ativadas pela analogia com Cristo, no inconsciente coletivo. Logo no século seguinte, esta analogia veio à tona da consciência, embora, no século III, já estivesse claramente esboçada nos escritos de Zósimo de Panópolis. A respeito da sua ligação histórica, porém, deve-se ressaltar que aqui não se trata disso, e sim, muito mais, do arquétipo ativado do homem primordial (*anthropos*). 767

Também é própria da alquimia a estrutura aritmética do Espírito Santo. Ela é uma unidade composta de dois princípios: olhos e bolas de fogo; é dividida em três e é um quadro: este tema é conhecido com o nome de *axioma de Maria* (uma filósofa alexandrina do século III, que desempenhou um papel na alquimia clássica. Compare acima [§ 738]. 768

---

4. MACROBIUS (Ambrosius Theodosius). Commentarium in Somnium Scipionis. In: EYSSENHARDT, F. (org.). *Opera*. Leipzig: [s.e.], 1893, I, 14, 19.

769 Os dois grupos de pessoas que podem ser vistos no quadro representam destinos, aos quais a alma que desperta está entregue. Pois há homens que fabricam "*queijo* bom, médio ou ruim"[5], e onde o Diabo mete a mão. O quadro mostra claramente, como também o faz o anterior (7), que os olhos e as bolas de fogo de forma alguma são idênticos aos corpos celestes, mas sim, diferentes das estrelas. Ele confirma que as esferas representam *almas*.

5. Resumo

770 Através dos exemplos dos sonhos e das diversas ilustrações, podemos deduzir que o inconsciente se utiliza de certos elementos da fantasia, que podem ser comparados com o fenômeno dos Ovnis., para a representação de seus conteúdos. Nos sonhos 1, 2, 6 e 7, e na pintura do "Semeador de fogo" (quadro 2), a referência ao Ovni é até consciente, enquanto que nos sonhos restantes, e no caso de duas pinturas, foi constatado que não há nenhuma relação consciente. Enquanto nos sonhos se destaca um relacionamento que se pode chamar de pessoal, entre o Ovni e o sujeito observador do sonho, este tipo de relacionamento falta totalmente nas pinturas. Como se sabe, a participação pessoal numa epifania, ou em outras experiências visionárias, é representada nas pinturas da Idade Média, pela presença visível do receptor da visão. Mas, uma concepção deste tipo não se encaixa, de forma alguma, nos planos da pintura moderna, que está muito mais interessada em manter seu objeto o mais distante possível do observador, de forma parecida com o teste

---

5. Conforme as palavras de Hildegard: "Você continua olhando e vê na terra pessoas que carregam leite, em recipientes de barro. Com ele, fazem queijo. Esses são os seres humanos, homens e mulheres, que carregam sementes humanas nos seus ventres Deles, provêm os diferentes povos. Uma parte do leite é gordurosa. Dela resultam queijos gordurosos. Esta semente... gera homens ativos e alegres... com inteligência e discrição conduzem a vida e desabrocham nas suas obras perante Deus e os homens Neles, o diabo não encontra lugar. – Outro leite é magro. Dele coalham queijos insossos. Esta semente... gera homens fracos... – Uma última parte do leite está contaminada de podridão. Os queijos provenientes daí são amargos. Esta semente gera homens mal feitos..." (op. cit., p. 128).

de Rorschach, que é, propositalmente, uma espilografia"[5a], para evitar qualquer sugestão de sentido, e produzir um fantasma puramente subjetivo.

Tanto os sonhos, como as pinturas, revelam um conteúdo, cujo significado pode ser denominado de epifania, quando submetidos a uma análise minuciosa. No quadro 2, este sentido é, até, tranquilamente reconhecível. Nos outros casos, uma análise psicológica comparativa, mais ou menos profunda, leva à mesma conclusão. Para o leitor menos familiarizado com a psicologia do inconsciente, gostaria de observar que minhas conclusões não brotam de minha livre fantasia, como muitas vezes se supõe levianamente, mas estão fundamentadas sobre resultados de pesquisa da simbologia histórica. Somente para não sobrecarregar o texto com anotações, deixei de apresentar todas as referências às fontes de consulta. Se, porém, alguém precisar verificar a razão das minhas conclusões, queira ou não, deverá se submeter ao trabalho de conhecer as minhas obras sobre o assunto. O método de amplificação que usei para a interpretação do significado revelou-se frutífero, tanto no material histórico, quanto no material recente. Este método permite a conclusão – ao que me parece – bastante segura de que nos meus exemplos manifesta-se de forma unânime um arquétipo conhecido como central, que eu denominei o si-mesmo. Isto acontece, através dos tempos, em forma de uma epifania que vem do céu, cuja natureza, em muitos casos, é caracterizada como antagônica, ou seja, como fogo e água, de acordo com o "escudo de Davi" ✡, que é constituído de $\triangle$ = fogo e ∇ = água. A "sextidade" é um símbolo da totalidade: quatro como divisão natural do círculo, e dois como eixo vertical (zênite e nadir); portanto, uma imagem da totalidade espacial. A insinuação de uma quarta dimensão, nas ilustrações 2 e 3, pode ser considerada como um desdobramento moderno do símbolo.

771

5a. Espilografia: desenho de manchas. Recorremos ao grego para a formação desta palavra composta de *spilos* = mancha e *graphia* = escrita ou desenho. O termo usado por Jung é *Klecksographie*. Em português não há correspondente [N.R.].

120 Obra Completa — Vol. 10/4

772   A oposição masculino e feminino mostra-se nos objetos longitudinais e redondos: forma de charuto e círculo (quadro 4). Esta deve ser uma simbolização sexual. O símbolo chinês do ser uno, o Tao, é formado por Yang (fogo, calor, seco, lado sul da montanha, masculino etc), e Yin (escuro, úmido, frio, lado norte da montanha, feminino etc). Ele corresponde, então, perfeitamente ao símbolo judaico acima caracterizado. A analogia cristã encontra-se na doutrina da Igreja sobre a unidade mãe e filho e na androginia de Cristo, sem falar no ser ancestral hermafrodita de muitas religiões exóticas e primitivas, do "pai-mãe" dos gnósticos e – *last but not least* – do *Mercurius hermaphroditus* da alquimia.

773   A terceira oposição é em cima e embaixo, como no quadro 3, que parece ter sido transferida para uma quarta dimensão. Nos outros exemplos, ela forma a diferença entre aquilo que acontece no céu e aquilo que acontece na terra.

774   A quarta oposição entre unidade e quaternidade aparece unida no quincunce (quadros 3 e 4), em que o quatro forma, de certo modo, a moldura do uno, que está especialmente destacado como centro. A quaternidade aparece, do ponto de vista da simbologia histórica, como o desdobramento do uno. O uno absoluto é irreconhecível, já que não se diferencia de nada e não pode ser comparado a nada. Com o desdobramento para o quatro, ele adquire um mínimo de características diferenciáveis, e, por isso, pode ser reconhecido. Isto não é um argumento metafísico, mas somente uma fórmula psicológica, que descreve o processo de conscientização de um conteúdo inconsciente. Pois, enquanto algo permanece no inconsciente, não possui características reconhecíveis e, por isso, participa do desconhecido geral; do inconsciente, em todo lugar e em nenhum lugar; de certa forma, de um ser absoluto que "não é", para usar uma expressão gnóstica. Mas, quando o conteúdo inconsciente aparece, quer dizer, entra no campo da consciência, então, também já se dividiu em "quatro". Ele só pode se tornar objeto de experiência, através das quatro funções básicas da consciência: é percebido como algo existente (sensação), reconhecido como tal e diferenciado do objeto da experiência (pensamento), revela-se aceitável, "agradável" ou não (sentimento), e, finalmente, pressente-se de onde vem e para onde vai (intuição). Em determinados casos pode acontecer que isso não

Um mito moderno sobre coisas vistas no céu   121

possa ser percebido através dos sentidos, nem pensado com o intelecto. Por isso, em primeiro lugar, a sua extensão no tempo e o que aí acontece com ele são objetos da intuição.

O desdobramento em quatro significa, neste sentido, a distribuição do horizonte nos quatro pontos cardeais, ou a divisão do ciclo do ano em quatro estações. Isto significa que, no ato da conscientização, tornam-se visíveis os quatro aspectos básicos do julgamento de totalidade. Isto, naturalmente, não impede que o intelecto brincalhão possa inventar, da mesma forma, mais outros trezentos e sessenta aspectos. Os quatro aspectos mencionados não pretendem significar mais do que uma divisão natural mínima do círculo, ou, de forma correspondente, da totalidade. No material dos meus pacientes eu me deparei, muitas vezes, com o símbolo de quatro, muito raramente com o de "pêntade" (cinco), e, menos raramente, com o de "tríade" (três). Como minha práxis sempre foi internacional, tive muitas oportunidades de fazer observações étnico-comparativas, nas quais me chamou a atenção o fato de que todos os meus mandalas triádicos são de procedência alemã. Parece-me que isso tem, de certa forma, uma ligação com o fato de que, diante da bela literatura francesa e anglo-saxônica, a figura típica da anima exerce um papel relativamente insignificante no romance alemão. Em comparação com a constante estrutura 3 + 1, o mandala triádico tem uma estrutura de 4 − 1, observando-se do ponto de vista da totalidade. A quarta função não diferenciada, ou função inferior, que se contrapõe à primeira, ou função principal, e que caracteriza o lado sombrio da personalidade. Quando falta esta no símbolo da totalidade, há uma predominância do lado da consciência.

A quinta oposição trata da diferença entre o enigmático mundo superior e o mundo cotidiano do homem. Esta é a oposição principal, exposta em todos os exemplos e que por isso pode ser considerada como a preocupação principal, tanto dos sonhos como dos quadros. O confronto é como que propositalmente impressionante, e parece ser, caso se dê o devido valor a este sentimento, algo como uma mensagem. Uma outra ordem do ser, uma dimensão do "psíquico", se contrapõe à linha horizontal da consciência empírica que, deixando de lado os conteúdos psíquicos, só está ciente de corpos que se movem. Porque tudo o que se pode afirmar a respeito, com alguma segurança, refere-se a algo psíquico: por um lado, matematicamente abstrato, por outro, fabuloso e mitológico. Se considerarmos o número como uma descoberta, e não como um instrumento para contar, como algo inventado, então, de acordo com a sua expressão mitológica, o número pertence ao campo das figuras "divinas", de homens e animais, e é, da mesma forma, arquetípico. Porém, ao contrário deles, ele é "real", pois como quantidade se encontra no campo da experiência e, desta forma, cria uma ponte entre o que é real e fisicamente palpável e o imaginário. O último, apesar de ser irreal, é efetivo, porque tem efeito. Não se pode duvidar da sua efetividade, especialmente em nossa época. Não é o comportamento, nem a falta, nem o excesso das coisas físicas que atingem a humanidade diretamente, mas o conceito que se tem a respeito, ou a imaginação pela qual somos possuídos.

777   O papel que o número desempenha na mitologia e no inconsciente dá o que pensar. Ele é tanto um aspecto do fisicamente real, como do psiquicamente imaginário. Ele não só conta e mede; e não só é quantitativo, mas também faz afirmações qualitativas. Por isso é, por enquanto, algo intermediário, misterioso, entre o mito e a realidade; por um lado, descoberto, e por outro, inventado. Por exemplo, as equações que foram inventadas como puras fantasias matemáticas revelaram-se, mais tarde, como formulações do comportamento quantitativo das coisas físicas. E, ao contrário, devido às suas características individuais, os números são portadores e mediadores de processos psíquicos no inconsciente. Assim, por exemplo, a estrutura do mandala é, em princípio, um assunto aritmético. Sim, podemos dizer, como o matemático Jacobi: "Na multidão dos seres olímpicos, reina o número eterno".

778   Com estas sugestões, mostro ao leitor que o confronto entre o mundo dos homens e o mundo superior não é nenhuma incomensurabilidade absoluta, mas, no máximo, uma incomensurabilidade relativa, pois a ponte entre este mundo e o além não é totalmente inexistente. Entre eles está, como grande mediador, o número, cuja realidade vale tanto aqui como lá, como arquétipo do seu próprio ser. O desvio para especulações teosóficas não contribui em nada para a compreensão da fragmentação da imagem do mundo, sugerida em

Um mito moderno sobre coisas vistas no céu 123

nossos exemplos, uma vez que, neste caso, tratar-se-ia só de nomes e palavras, que não nos mostrariam o caminho para o *unus mundus* (para um mundo só). Mas o número pertence a dois mundos, ao real e ao imaginário; é visível e invisível; quantitativo e qualitativo.

Assim, também, é um fato de especial importância que o número caracterize a natureza "pessoal" da figura intermediante, a do mediador. Observando do ponto de vista psicológico e considerando as limitações da teoria do conhecimento, que são impostas a todas as ciências, chamei o símbolo mediador, ou "símbolo unificante", que, em termos psicológicos, resulta, forçosamente, de uma tensão antagônica suficientemente grande, pelo termo de "si-mesmo". Neste contexto, gostaria de esclarecer que, em primeiro lugar, estou empenhado na formulação de fatos empíricos concebíveis, e não em incursões duvidosas no campo metafísico. Aí, eu estaria pisando em terreno de todo tipo de convicções religiosas. Vivendo no Ocidente, eu deveria dizer Cristo, em vez de "si-mesmo"; no Oriente Médio, talvez Cádi; no Extremo Oriente, Atman, ou Tao, ou Buda; no Extremo Ocidente, talvez Coelho, ou Mondamin; e na Cabala, Tifereth. Nosso mundo ficou pequeno e começa a despertar a compreensão de que só existe uma humanidade, com uma alma, e que a humildade não é uma virtude insignificante, o que deveria fazer com que o cristão, pelo menos, por causa da caridade – a maior das virtudes – siga à frente como exemplo, e reconheça que existe somente uma verdade, mas que esta se expressa em muitas línguas, e que, somente devido à incompetência da nossa razão, ainda não conseguimos perceber este fato. Ninguém é tão semelhante a Deus para que saiba a verdadeira palavra sozinho. Todos nos olhamos naquele "espelho escuro", no qual se forma o obscuro mito, apontando para a verdade invisível. Neste espelho, o olho espiritual vê um quadro cuja forma denominamos si-mesmo, cientes do fato de que, neste caso, se trata de um quadro antropomorfo, e que com esta expressão só lhe foi dado o nome, mas não foi explicado. É claro que, com isto, entendemos a totalidade psíquica, mas, quais as realidades que fundamentam este conceito, não sabemos, uma vez que conteúdos psíquicos não podem ser observados em seu estado inconsciente, e, além disso, a psique não pode reconhecer a sua própria natureza. O consciente só chega a conhecer o inconsciente na medida em que este se torna consciente. A respeito

779

das transformações que um conteúdo inconsciente sofre, durante o processo de conscientização, temos, quando muito, uma pequena noção, mas não um conhecimento seguro. O conceito de totalidade psíquica encerra, necessariamente, uma certa transcendência devido à existência dos componentes inconscientes. Neste caso, a transcendência não tem o mesmo significado que uma imagem metafísica ou hipóstase, e só exige o valor de um "conceito de limite", falando como Kant.

780   O que poderia haver do outro lado do muro da teoria do conhecimento, só pode ser entendido de forma imaginária. Mas, que algo existe, mostram-nos os arquétipos. E, entre eles, mais claramente o número. Deste lado o número é uma quantidade, mas do outro, como ente psíquico, autônomo, faz afirmações qualitativas, que se manifestam em *patterns* (modelos) *a priori* de ordem. Estes *patterns* não são somente fenômenos psíquicos, que têm explicação causal, como símbolos de sonhos e coisas parecidas, mas, também, notáveis relativizações de tempo e espaço que, em vão, tentamos explicar como sendo de origem causal. São aqueles fenômenos parapsicológicos, que resumi no conceito de sincronicidade, e foram analisados por Rhine. O resultado positivo das suas experiências eleva os fenômenos parapsicológicos ao nível dos fatos incontestáveis. Desta forma, nos aproximamos um pouco mais da compreensão do enigmático paralelismo psicofísico, pois agora sabemos que existe um fator que transcende a aparente incomensurabilidade de corpo e psique, dando à matéria uma certa propriedade "psíquica" e à psique uma certa "materialidade", através das quais um pode agir sobre o outro. Dizer que o corpo vivo age sobre a psique parece um lugar-comum, mas na verdade a única coisa que sabemos é que uma deformação do corpo, ou uma doença, se exprime psiquicamente. Esta afirmação naturalmente só é válida, se atribuirmos à psique uma existência em si, o que contradiz a tradicional concepção materialista. No entanto, esta, por sua vez, não consegue explicar de que modo deveria formar-se a psique através de combinações químicas. Ambas as concepções, tanto a materialista quanto a espiritualista, são preconceitos metafísicos. A suposição de que a matéria viva possua um aspecto psíquico e que a psique possua um aspecto físico condiz melhor com a experiência. Mas, se levarmos na devida consideração os fatos parap-

Um mito moderno sobre coisas vistas no céu   125

sicológicos, a hipótese do aspecto psíquico tem que ser estendida para além do campo dos processos bioquímicos, ou seja, para a matéria em geral. Neste caso, a existência estaria fundamentada sobre um ser até agora desconhecido, que possui propriedade material e psíquica, ao mesmo tempo. Considerando o pensamento da física moderna, esta suposição deverá encontrar menos resistência do que antigamente. Desta forma, também desapareceria a incômoda hipótese do paralelismo psicofísico, e haveria a possibilidade de construção de um novo modelo de mundo, mais próximo do *unus mundus*. As correspondências "não causais" de processos psíquicos, independentemente dos físicos, isto é, os fenômenos sincronísticos, especialmente a psicocinesia, entrariam desta forma no campo do compreensível, pois cada acontecimento material incluiria um *eo ipso* psíquico, e vice-versa. Estes pensamentos não são especulações inúteis, mas se impõem, numa análise psicológica séria do fenômeno dos Ovnis, como se expõe no próximo capítulo.

6. O fenômeno dos Ovnis sob o aspecto não psicológico

Como ressaltamos de início, temos o propósito de tratar o fenô-   781
meno dos Ovnis, prioritariamente, como um assunto exclusivamente psicológico. Para isso, há motivos mais do que suficientes, como mostram claramente as afirmações contraditórias e "impossíveis" do boato. Com razão, elas provocam crítica, ceticismo e franca reprovação. E se alguém quiser enxergar por trás disso nada mais do que um fantasma, que pelo mundo afora incomoda as mentes e provoca barreiras racionais, não é somente digno de compreensão, mas também merece a nossa simpatia. Sim, poderíamos nos conformar com a explicação psicológica e com o fato evidente de que a fantasia consciente e inconsciente, e até a mentira, têm uma participação decisiva na formação do boato e com isso dar o caso por encerrado.

Mas, desta forma, não estaria explicada de maneira satisfatória a   782
situação como ela se apresenta hoje. Lamentavelmente, há bons motivos pelos quais não podemos nos desvencilhar deste assunto de uma forma tão simples. Quanto me consta, existe o fato confirmado por muitas observações de que os Ovnis não foram somente vistos, mas também registrados no painel de radares e até fotografados. Aqui,

baseio-me nos relatos sintetizados por Ruppelt e Keyhoe, que merecem credibilidade, como também no fato de que o astrofísico professor Menzel não conseguiu, mesmo com a melhor boa vontade, explicar um único relato autêntico de forma satisfatória, por meios racionais. Pois estamos diante desta alternativa: ou as projeções psíquicas ecoam no radar, ou, ao contrário, o aparecimento de verdadeiros corpos deu motivo a projeções mitológicas.

783   Aqui devo observar que, mesmo se os Ovnis fossem mais, as projeções psíquicas que lhes correspondem não são propriamente causadas por eles, e sim apenas motivadas. Afirmações míticas desta espécie existiram sempre, com ou sem Ovnis. Todavia, antes da época das observações de Ovnis, ninguém teve a ideia de associar umas com as outras. A afirmação mítica baseia-se, em primeiro lugar, na constituição particular do subestrato psíquico, do inconsciente coletivo, cuja projeção sempre existiu. Na verdade, muitas outras formas são projetadas, além das formas circulares celestes. Esta última projeção, juntamente com o seu contexto psicológico, o boato, é uma manifestação específica, característica particular da nossa época. A imagem dominante de um mediador e de um Deus feito homem relegou, em sua época, a um segundo plano uma imagem politeísta, e aquela, por sua vez, está prestes a desaparecer. Milhões dos assim chamados cristãos perderam a fé num mediador verdadeiro e vivo, enquanto os fiéis se esforçam por converter à sua fé povos primitivos, quando seria muito mais importante beneficiar o homem branco com estes esforços. Mas é sempre mais fácil e ao mesmo tempo mais emocionante falar e agir de cima para baixo do que o contrário. Paulo falou ao povo de Atenas e Roma. Mas o que Albert Schweitzer está fazendo em Lambarene? Personalidades como ele seriam muito mais necessárias na Europa.

784   Nenhum cristão poderá discordar de mim a respeito da importância de uma imagem religiosa como a do mediador. E, também como eu, não pode negar as consequências que implica a perda deste tipo de credo. Uma ideia tão poderosa como a de um mediador divino corresponde a uma necessidade profunda da alma, que não desaparece quando uma manifestação desta se torna obsoleta. O que acontece com a energia que uma vez manteve esta ideia viva e dominava a psique? Um antagonismo político, social, filosófico e religioso como jamais foi visto nesta medida divide a consciência do nosso

tempo. Com a ocorrência de tamanhos opostos pode-se esperar, com certeza, que a necessidade de mediação se faça ouvir. Porém, não é popular recorrer ao mediador, por ser irracional e não científico. Na nossa época de tanta estatística não existe nada semelhante. Por isso, a necessidade que se baseia num medo profundo só se pode manifestar timidamente: além do mais, ninguém quer ser pessimista como os primeiros cristãos, já que otimismo, a conjuntura em alta, e o *keep smiling* compõem o ideal heroico do universo americano. Já um pequeno pessimismo é suspeito de propósitos subversivos, mas, ao que parece, é o único estado que poderia nos levar a pensar. Contudo, a existência superficial otimista, barulhenta e agitada, não consegue evitar que, nas profundezas da alma humana, se abra o caminho para o desenvolvimento de um medidor. Podemos constatar milhares de vezes que a tensão entre os opostos, tanto na natureza, como também na alma, representa um *potencial* que, em qualquer momento, pode expressar-se através de uma manifestação energética. Entre o em cima e o embaixo, cai uma pedra, ou uma cachoeira, e entre o quente e o frio, acontece uma troca turbulenta. Entre opostos psíquicos, forma-se um "símbolo unificante", por enquanto, inconsciente. Este processo se dá no inconsciente dos homens contemporâneos. Entre os opostos, forma-se, espontaneamente, um símbolo de unidade e totalidade, não importando se ele chega ao consciente ou não. Agora, se no mundo exterior acontecer algo inusitado, ou impressionante, seja homem, objeto ou ideia, então, o conteúdo inconsciente pode projetar-se sobre este acontecimento. Através desta projeção, o portador da projeção torna-se numinoso e provido de forças míticas. Graças à sua numinosidade, ele tem um efeito altamente sugestivo e transforma-se no mito do salvador cujos traços básicos se repetem.

O Ovni fornece o motivo para a manifestação dos conteúdos psíquicos latentes. A respeito dele, só sabemos, com alguma certeza, que possui uma superfície que é vista com os olhos e que, ao mesmo tempo, rebate um eco de radar. Todo o resto é, em princípio, tão inseguro que deve ser considerado como conjetura improvável, ou seja, como boato, enquanto não se possa conseguir mais dados a seu respeito. Contudo, não se sabe se são máquinas tripuladas, ou alguma espécie de vida animal que, sem que se saiba de onde, aparecem na nossa atmosfera. Não é provável que sejam fenômenos meteóricos desconhecidos, pois o comportamento dos objetos não dá a mínima impressão de se tratar de um procedimento que possa ser interpretado fisicamente. Os movimentos dos objetos revelam propósito e relacionamento psíquicos, como por exemplo: esquivar-se ou fugir; talvez até mesmo agressão e defesa. A sua locomoção no espaço não é em linha reta e em velocidade constante como a dos meteoros, mas errante como o voo dos insetos, e com diferentes velocidades, que vão desde zero até muitos milhares de quilômetros por hora. As acelerações observadas e os ângulos de direção são tais que nenhum ser terrestre as suportaria, tanto quanto o calor resultante da resistência provocada pelo atrito.

786   A observação concomitante pela visão e pelo radar dariam, em si, uma prova satisfatória da sua realidade. Mas, lamentavelmente, relatos confiáveis colocam um fim a este raciocínio, pois dizem existir casos em que o olho vê alguma coisa, mas nada aparece no radar; ou um objeto é captado claramente pelo radar, mas não é visto pelo olho. Nem quero mencionar outros tantos relatos, ainda mais curiosos, que se baseiam em testemunhos fidedignos, já que por sua natureza monstruosa submetem a uma prova dura demais a razão e a credulidade.

787   Se estas coisas são reais – e segundo a avaliação humana não parece haver quase nenhuma dúvida – então só nos resta escolher entre as hipóteses da *ausência de força de gravidade,* de um lado, e da *natureza psíquica,* do outro. Sobre esta questão, não posso decidir. Nestas circunstâncias, porém, me pareceu oportuno analisar pelo menos uma vez, de forma experimental, o aspecto psicológico do fenômeno dos Ovnis, para obter alguma clareza neste caso tão controvertido. Neste sentido, me restringi a analisar alguns exemplos mais claros. Lamentavelmente, não me foi possível compilar, em dez anos de dedicação ao assunto, uma quantidade suficiente de observações que permitissem estabelecer conclusões mais confiáveis. Por isso, tive que me contentar em esboçar pelo menos algumas diretrizes de procedimento, para futuras investigações. Tudo isso, é claro, não contribuiu praticamente em nada para a explicação física do fenômeno. Mas o aspecto psíquico desempenha, neste fenômeno, um papel tão importante que não pode ser deixado de lado. O levantamento desta questão leva, como as minhas explanações tentam demonstrar, a problemas psicológicos que tocam em possibilidades, ou impossibilidades,

tão fantásticas quanto uma observação física. Se até mesmo os militares se sentem na necessidade de montar escritórios para a compilação e supervisão de observações do gênero, então, a psicologia, por sua vez, não só tem o direito mas também o dever de fazer a sua parte no esclarecimento da obscura situação.

A questão da *antigravidade,* que o fenômeno dos Ovnis levanta, 788 devo deixar aos cuidados da física, pois só ela pode indicar quais as chances de sucesso de uma hipótese como esta. A suposição oposta que afirma tratar-se de um "algo" psíquico dotado de certas propriedades físicas parece ser ainda menos provável, pois de onde viria uma coisa desta espécie? Se a ausência de força de gravidade já é uma hipótese difícil de aceitar, ainda mais a ideia de algo psíquico materializado parece que perde todo e qualquer fundamento. É verdade que a parapsicologia conhece o fato da materialização. Mas um fenômeno deste tipo está condicionado à presença de um ou mais médiuns, que devem liberar uma substância com peso, só acontecendo nas imediações mais próximas dos mesmos. É claro que a psique pode movimentar o corpo, mas isto só dentro da estrutura viva. Que algo psíquico, com propriedades materiais, dotado de uma grande carga energética em si, possa ser percebido lá nas alturas, longe dos médiuns humanos, está além da nossa capacidade de compreensão. Aqui, o nosso conhecimento nos abandona por completo, e, por isso, seria infrutífero querer especular de alguma forma neste sentido.

Parece-me – com todas as restrições necessárias – que há uma 789 terceira possibilidade: os Ovnis são fenômenos reais, materiais, seres de natureza desconhecida, que provavelmente vêm do espaço cósmico; que, talvez, já há muito tempo os habitantes da terra tivessem visto, mas que, fora disso, não tinham nenhuma outra relação perceptível com a terra ou com seus habitantes. Mas, nos últimos tempos, e no momento em que os olhares se dirigem para o céu, por um lado, devido a suas fantasias sobre possíveis voos espaciais, e por outro, de forma figurativa, devido à ameaça vital da sua existência terrena, projetaram-se conteúdos do inconsciente sobre os fenômenos inexplicáveis do céu, conferindo-lhes desta forma um significado que de maneira alguma merecem. Já que, desde a Segunda Guerra Mundial, parece que o surgimento deles se tornou mais frequente do que nunca, pode ser que se trate de um *fenômeno sincronístico,* isto é, de uma

130 Obra Completa — Vol. 10/4

coincidência com sentido correspondente. A situação psíquica da humanidade, por um lado, e o fenômeno dos Ovnis como realidade física, por outro, não têm nenhuma relação causal que possa ser reconhecida, mas parecem coincidir de forma significativa. A interligação de sentido deriva, por um lado, da projeção, e, por outro, das formas redondas e cilíndricas que correspondem ao significado da projeção, e que, desde as mais remotas eras, representam a união dos opostos.

790 Uma outra coincidência "casual" é a escolha dos emblemas dos aviões da União Soviética e dos Estados Unidos: naquela, uma estrela *vermelha* de cinco pontas e, neste, uma *branca*. Podemos dizer que durante um milênio a cor vermelha era considerada a cor masculina, e a branca, a cor feminina. Os alquimistas falavam do *servus rubeus* (servo vermelho) e da *femina candida* (mulher branca), que eles juntavam, realizando, assim a suprema união dos opostos. Quando falamos da Rússia, gostamos de nos lembrar do "paizinho" czar, ou do "paizinho" Stalin, e nos representamos a América do Norte como um matriarcado, considerando que a maior parte do capital americano se encontra nas mãos de mulheres, sem esquecer o dito espirituoso de Keyserling da *aunt of the nation* (a tia da nação). Certamente, não há nada de errado supor que este tipo de paralelo não tenha nada a ver com a escolha dos símbolos, pelo menos, não como causalidade consciente. Humoristicamente falando, quase se poderia dizer que o vermelho e o branco são cores nupciais; eles dão um toque engraçado à Rússia, no papel do namorado rebelde ou escandaloso da *femina candida* na Casa Branca.

7. Epílogo

791 Tinha eu já concluído este estudo, quando um pequeno livro, que não posso deixar de mencionar, me caiu em mãos: *The Secret of the Saucers,* de Orfeo M. Angelucci. O autor é um autodidata e se autodefine como um indivíduo nervoso, que sofre de "fraqueza constitucional". Depois de passar por vários empregos, entrou como operário a serviço da Lockheed Aircraft Corporation, em Burbank, Califórnia, em 1952. Ao que parece, ele carece de qualquer cultura intelectual, mas dispõe de conhecimentos científicos da natureza que pa-

Um mito moderno sobre coisas vistas no céu 131

recem ultrapassar, de certa forma, o nível esperado em tais circunstâncias. Ele é italiano, naturalizado americano, ingênuo e – ao que
tudo indica – sério e idealista. Hoje, vive da pregação do seu evangelho, que lhe foi revelado pelos Ovnis. Este é o motivo pelo qual menciono seu livro.

Sua carreira como profeta começou com a observação de um   792
Ovni supostamente autêntico, a 4 de agosto de 1946. Conta-se que,
naquela época, ele não se interessou muito por este problema. No
seu tempo de lazer, trabalhava num livro sob o título de *A natureza
de seres infinitos*[1], que ele editou mais tarde, por conta própria. A 23
de maio de 1952, aconteceu a sua verdadeira experiência de vocação: diz que, por volta das 11 horas da noite, sentiu-se indisposto e
percebeu, na parte superior do corpo, uma sensação de formigamen-
to, assim como antes de uma tempestade. Trabalhava no turno da noite e, quando às à meia noite e meia se dirigia para casa, no seu carro,
viu um objeto oval de brilho vermelho flutuando baixo acima do horizonte, parecendo que mais ninguém o observava. Num lugar solitário do caminho, onde a estrada fica mais alta do que o resto do terreno, viu "... a pequena distância", perto do chão, e abaixo da sua posição na estrada, o objeto vermelho redondo, que "pulsava". De repente, este saiu em disparada, num ângulo de 30 a 40 graus, para as alturas, e, com grande aceleração, distanciou-se em direção ao oeste.
Mas, antes de desaparecer, desprenderam-se dele duas bolas verdes
de fogo, das quais vinha uma voz "masculina", que falava "inglês perfeito". Ele podia lembrar-se das palavras: "Não se assuste, Orfeo, nós
somos amigos!" As vozes pediam para que ele saísse do carro. Ele assim fez e, apoiado no carro, observava os dois objetos circulares "pul-
santes", a "pequena distância". A voz explicou-lhe que as luzes eram
instruments of transmission (então, uma espécie de órgãos sensoriais
e de transmissão), e que ele estava em contato direto com "amigos de
um outro mundo". Esta voz lembrou-o da experiência de 4 de agosto
de 1946. Quando ele, de repente, sentiu-se com muita sede, a voz
disse: "beba do copo de cristal, que você vê em cima do para-lama".

---

1. O autor caracteriza o conteúdo como "Atomic Evolution, Suspension and Involution,
Origin of Cosmic Rays" etc.

132 Obra Completa — Vol. 10/4

Bebeu, e era "a bebida mais maravilhosa que jamais experimentara". Sentiu-se refrescado e fortalecido. As duas luzes estavam a uma distância de aproximadamente três pés, uma da outra. De repente, elas ficaram mais pálidas, e entre elas formou-se uma luminosidade "tridimensional". Lá dentro, apareceram cabeças e ombros de duas pessoas, um homem e uma mulher, "*being the ultimate of perfection*" (o máximo da perfeição). Eles tinham olhos grandes e brilhantes, e, apesar da sua perfeição sobrenatural, lhe eram estranhamente conhecidos e íntimos. Observavam-no e toda a cena. Parecia que ele estava em contato telepático com eles. Tão subitamente quanto apareceu, a visão desapareceu, e as bolas de fogo adquiriram novamente seu brilho anterior. Escutou as palavras: "O caminho se abrirá, Orfeo". E a voz prosseguiu: "Vemos os habitantes da Terra cada um como ele é, e não assim como os veem os sentidos limitados do ser humano. Os habitantes do seu planeta estiveram há séculos sob observação, mas só recentemente foram submetidos a uma reinvestigação. Cada progresso da sua sociedade foi registrado por nós. Nós os conhecemos, como vocês não se conhecem. Cada indivíduo, homem, mulher, ou criança, está computado nas nossas estatísticas de vida, através de nossos discos registradores de cristal. Cada um de vocês é infinitamente mais importante para nós do que para vocês mesmos, habitantes da Terra, porque vocês vivem inconscientes do verdadeiro segredo da sua existência... Um sentimento de irmandade nos une aos habitantes da Terra, em decorrência de um antigo parentesco do nosso planeta com ela. Através de vocês, podemos enxergar longínquos tempos passados e reconstituir certos aspectos singulares do nosso antigo mundo. Com profundo sentimento e compreensão, vemos seu mundo em seu caminho, através de suas dores de crescimento. Pedimos que nos considere, simplesmente, como seus irmãos mais velhos".

793 Além disso, o autor aprendeu que os Ovnis seriam dirigidos por controle remoto a partir de uma nave-mãe. Na realidade, os passageiros de Ovnis não teriam necessidade deste tipo de veículos. Como seres "etéreos", eles só precisariam deles para manifestar-se materialmente aos seres humanos. Os Ovnis alcançariam, aproximadamente, a velocidade da luz. "A velocidade da luz é igual à da verdade" (portanto, "veloz como o pensamento"). Os visitantes celestes seriam

inofensivos e cheios das melhores intenções. A "lei cósmica" proibiria aterrissagens espetaculares sobre a Terra. A Terra estaria, atualmente, sendo ameaçada por perigos maiores do que se perceberia.

Depois destas revelações, Angelucci sentiu-se enlevado e mais forte. "Era", disse ele, "como se por um instante eu me tivesse elevado acima da mortalidade, e como se eu tivesse um parentesco com estes seres superiores". Quando as luzes desapareceram, foi como se o seu mundo cotidiano tivesse perdido a sua realidade e se transformado num lugar de sombras. **794**

Em 23 de julho de 1952, sentiu-se mal e não foi trabalhar. À noite, deu um passeio e, na volta, num lugar solitário, sobrevieram-lhe sensações parecidas com as da sua experiência de 23 de maio do mesmo ano. Relacionado a isso estava *the dulling of consciousness I had noted on that other occasion* (a diminuição da consciência que percebi naquela outra ocasião), ou seja, a percepção de um *abaissement du niveau mental*, um estado que é uma das principais prerrogativas para o surgimento de fenômenos psíquicos espontâneos. Repentinamente, viu à sua frente uma figura nebulosa de tênue brilho, no chão, como uma grande "bolha de sabão". Este objeto adquiria, visivelmente, solidez, e viu algo como uma entrada, através da qual olhava-se para um interior claramente iluminado. Entrou e encontrou-se numa sala com uma cúpula, que tinha um diâmetro de aproximadamente seis metros. As paredes eram feitas de um "material etéreo, parecido com nácar". **795**

À sua frente, estava uma. confortável cadeira, feita de um material "etéreo" semelhante. Além disso, o quarto estava silencioso e vazio. Sentou-se na cadeira e teve a sensação de estar sentado sobre o ar. Era como se a cadeira, por ela mesma, se acomodasse às formas do seu corpo. A porta fechou-se, e era como se jamais tivesse existido uma porta. Ele ouviu algo como um zumbido, um som rítmico, que parecia uma vibração, e o colocou num "estado de semitranse". O quarto escureceu e saía música das paredes. Depois, a luz voltou. Descobriu, no chão, um pedaço de metal brilhante, como uma moeda. Quando a pegou na mão, ela parecia desaparecer. Ele tinha a sensação de que o Ovni o estava transportando. De repente, abriu-se algo como uma janela redonda, com um diâmetro de aproximada- **796** mente nove pés. Olhando para fora, viu um planeta, a Terra, vista de uma distância de mais de mil milhas, como explicava uma voz já conhecida. Ele chorou de emoção, e a voz disse: "Chore, Orfeo... nós choramos com você, pela Terra e seus filhos. Apesar da sua bela aparência, a Terra é um purgatório entre os planetas que desenvolveram vida inteligente. Ódio, egoísmo e crueldade elevam-se dela como uma névoa escura". Depois, ao que parece, saíram espaço afora. Ele viu através da janela um Ovni, de aproximadamente mil pés de comprimento e noventa de diâmetro, feito de um material translúcido, parecido com cristal. Dele, emanava música, que trazia com ela visões de planetas e galáxias, que giravam harmoniosamente. A voz ensinou-lhe que cada ser, no seu planeta (isto é, no dela), seria imortal. Apenas suas sombras mortais estariam na Terra, esforçando-se pela sua libertação das trevas. Todos estes seres estariam ou do lado do bem ou do lado do mal. "Nós sabemos, Orfeo, de que lado você está". Devido à sua fraqueza física, ele tinha dons espirituais e, por isso, os seres divinos podiam entrar em contato com ele. Entendeu que tanto a música quanto a voz saíam desta grande nave espacial. Ela se afastava lentamente, e ele observara redemoinhos flamejantes nas duas extremidades da nave-mãe, que serviam como hélices; mas que também serviam para se ver e ouvir, "devido a um contato telepático"(!).

797   Na volta, encontraram dois Ovnis comuns que estavam a caminho da Terra. A voz o entretinha com mais explicações sobre a visão dos seres superiores a respeito dos homens; estes não teriam acompanhado moral e psicologicamente o seu próprio desenvolvimento tecnológico, motivo pelo qual eles, habitantes de outros planetas, estariam empenhados em possibilitar aos habitantes da Terra uma melhor compreensão sobre a sua crise atual e, especialmente, em ajudá-los na arte de curar. Eles também queriam esclarecê-lo a respeito de Jesus Cristo. Ele, diziam, seria chamado, alegoricamente, de Filho de Deus. Na realidade, ele seria o "Senhor das Chamas" (*Lord of the Flame*), uma "entidade infinita do Sol" (*an infinite entity of the Sun*), e não de origem terrestre. "Como o espírito do Sol, que se sacrificou pelos filhos da dor" (homens), ele teria se transformado numa "parte da alma superior humana e na alma do mundo". Nisto, ele seria diferente de outros mestres do mundo.

Cada homem da Terra teria um si-mesmo espiritual, desconheci- 798
do, que estaria acima do mundo material e do consciente e existiria
eternamente, fora da dimensão do tempo, em perfeição espiritual,
dentro da unidade da alma superior... A existência humana, na Terra, teria o propósito da reunificação com o "consciente imortal". Sob
o olhar investigador deste "consciente grande e misericordioso", sentiu-se como "um verme se contorcendo – impuro, cheio de erro e pecado". Chorou novamente, sob o acompanhamento musical adequado. A voz falou, dizendo: "Querido amigo da Terra, agora, nós o ba-
tizamos, na verdadeira luz dos mundos eternos". Um relâmpago bri-
lhou: a sua vida estava claramente à frente de seus olhos, e a lembrança de todas as suas existências anteriores voltaram. Ele compreendeu
"o enigma da vida"! Acreditou que tinha que morrer, pois sabia que,
neste momento, ele estava transferido para a "eternidade", num
"mar intemporâneo de felicidade".

Após esta experiência de iluminação, voltou novamente a si. 799
Acompanhado da música "etérea" obrigatória, foi carregado novamente de volta à Terra. Quando deixou o Ovni, este desapareceu subitamente sem deixar rastro algum. Depois, quando foi se deitar,
percebeu uma sensação ardente do lado esquerdo do peito. Ali, havia
um estigma do tamanho de um quarto de dólar, um círculo inflama-
do, com um ponto no centro. Interpretou isto como "o símbolo do
átomo de hidrogênio"(!).

A partir desta experiência, começou – fiel ao estilo – a sua prega- 800
ção. Começou a ser uma testemunha, não da palavra, mas dos Ovnis,
e, consequentemente, sofreu aquelas zombarias e incredulidade que
atingem o mártir. Em 2 de agosto do mesmo ano, junto com outras
oito testemunhas, viu um Ovni comum, no céu, que depois de algum
tempo novamente desapareceu. Dirigiu-se para o lugar solitário que
já conhecia, não encontrou nenhum Ovni mas uma figura que lhe gri-
tava: "Salve, Orfeo!" Era a mesma figura de uma visão anterior. Esta
queria ser chamada de "Netuno". Era um homem alto e maravilhoso,
de olhos muito grandes e expressivos. Os contornos de seu corpo estavam em movimento ondulante, como a água estremecida pelo ven-
to. Netuno deu-lhe mais informações sobre a Terra, os motivos das
suas lamentáveis condições de existência e a sua salvação vindoura.
Depois, desapareceu novamente.

136 Obra Completa — Vol. 10/4

801   No início de setembro de 1953, Angelucci caiu num estado de sonambulismo, que perdurou por aproximadamente uma semana. Quando voltou ao estado normal de consciência, se lembrava de tudo o que tinha vivenciado durante a sua *absence*: tinha estado num pequeno "planetoide", onde Netuno e sua companheira Lyra moravam, ou melhor, esteve no céu, como Orfeo Angelucci poderia imaginar: com muitas flores, perfumes, cores, néctar e ambrósia, seres nobres, etéreos, e, acima de tudo, música, quase que sem interrupção. Ali, soube que seu amigo celeste não se chamava Netuno, mas Orion, e que Netuno era o seu próprio nome, enquanto ele se encontrava neste mundo celeste. Lyra tratou-o com atenção especial, ao que ele, o Netuno relembrado, retribuiu com sentimentos eróticos, de acordo com a sua natureza terrena, causando profunda indignação na sociedade celeste. Quando ele, com muito esforço, conseguiu desacostumar-se desta reação humana, por demais humana, foi realizada a *noce celeste*, uma união mística, análoga à *coniunctio oppositorum* da alquimia.

802   Neste ponto culminante, quero encerrar a narração desta *pèlerinage de l'âme*. Sem ter a mínima ideia sobre psicologia, Angelucci descreveu a experiência mística, ligada à visão dos Ovnis, com todos os detalhes desejáveis. Certamente, não preciso acrescentar nenhum comentário detalhado. A exposição é tão ingênua e clara, que o leitor psicologicamente interessado poderá constatar, sem dificuldades, como, e em que medida, ela confirma as minhas indicações e conclusões. Ela deve ser encarada como um "documento" particular sobre a formação e integração da mitologia dos Ovnis. É por este motivo que cedi a palavra a Angelucci.

803   A experiência psicológica ligada à experiência com Ovnis consiste na visão ou lenda do redondo, quer dizer, do símbolo da totalidade, e do arquétipo que se expressa nas configurações do mandala. Conforme foi observado, estas configurações aparecem, na maioria das vezes, em situações determinadas por confusão e impasse. O arquétipo, constelado em decorrência dessa situação, representa um esquema de ordem, que, como retículo psicológico, ou seja, círculo dividido em quatro, é colocado, de certa forma, sobre o caos psíquico. Desta forma, cada conteúdo recebe o seu lugar, e tudo o que estava se esparramando, aleatoriamente, é mantido unido, através do círculo cuidadoso e protetor. Assim, os mandalas orientais, no âmbito do budismo Mahayana, representam a ordem cósmica, temporal e

Um mito moderno sobre coisas vistas no céu

psicológica. Ao mesmo tempo, elas formam as Yantras, os instrumentos que servem para instalar a ordem[2].

Assim como a nossa época está marcada pela fragmentação, confusão e desorientação, da mesma forma se expressa este estado na psicologia de cada um. Isto acontece, através de quadros fantasiosos que se formam, espontaneamente, em sonhos e em imaginações ativas. Estes fenômenos observei durante quarenta anos nos meus pacientes, e, baseado numa vasta experiência, cheguei à conclusão de que este arquétipo é de importância central, que aumenta na medida em que o eu a perde. Um estado de desorientação é especialmente propício para despotenciar o eu.

Sob o aspecto psicológico, o redondo, quer dizer, o mandala, significa um símbolo do si-mesmo. O arquétipo da ordem é, por excelência, sob o aspecto psicológico, o si-mesmo. A formação do mandala é aritmeticamente condicionada, pois também os números inteiros são arquétipos ordenadores da natureza primitiva. Isto é válido, em especial, para o número quatro, a *tetraktys* pitagórica. Considerando que um estado de desnorteamento resulta, geralmente, de um conflito psicológico, então, ao mandala está também ligado, de forma empírica, o conceito de *dyas*, a dualidade composta, a saber, a síntese dos opostos, como mostra claramente a visão de Angelucci.

A posição central proporciona ao símbolo um elevado valor emocional que se expressa, por exemplo, na estigmatização de Angelucci. Os símbolos do si-mesmo coincidem com as imagens de Deus, como, por exemplo, a *complexio oppositorum* de Nicolau de Cusa com a *dyas*, ou a definição de Deus: "*Deus est circulus, cuius centrum est ubique, cuius circumferentia vero nusquam*"[3] (Deus é um círculo, cujo centro está em todo lugar e cuja circunferência não está em lugar algum), com o "símbolo do hidrogênio" de Angelucci. Ele não está marcado pelos sinais de ferimentos cristãos, que caracterizam o Senhor, mas, pelo símbolo do si-mesmo, respectivamente da totalidade

804

805

806

---

2. Sobre a questão dos fundamentos fisiológicos cf. BASH, H.W.; AHLENSTIEL, H. & KAUFMANN, R. Über Präyantraformen und ein lineares Yantra. *Studien zur Analytischen Psychologie C.G. Jungs*. Edição comemorativa do 80º aniversário de C.G. Jung. Org. pelo Instituto C.G. Jung. 2 vols. Zurique: Rascher, 1955 [vol. I: Beiträge aus Theorie und Praxis].

3. Cf. § 622 deste livro.

absoluta, ou seja, Deus, em linguagem religiosa. Desta interligação psicológica resulta a equivalência alquimista ou analogia de Cristo com o "*lapis philosophorum*".

807 Este centro é simbolizado frequentemente pelo olho, por um lado (alquimisticamente), pelo olho sempre aberto do peixe, por outro, pelo olho de Deus da consciência, que nunca dorme, ou pelo Sol, que tudo ilumina. A vivência moderna é a experiência psicológica desta espécie de símbolos: elas não se apresentam à consciência hodierna como um aparecimento de luz externo, e sim, como revelação psíquica. Eu gostaria de expor, como exemplo, um caso em que uma senhora (sem qualquer referência sobre Ovnis), há anos, registrou a sua experiência em forma de poesia:

VISÃO

Uma luz ilumina o fundo saibroso
de um lago azul profundo.
Entre gramados ondulantes, uma joia cintila, brilha e gira;
chama a atenção, enquanto passo.

Um olhar estarrecido de peixe
atrai a minha mente e meu coração –
o peixe, invisível como vidro.

Uma lua prateada cintilante,
o peixe, assumindo contornos e forma,
encena uma dança rodopiante e vibrante,
aumentando a intensidade da luz;
o disco torna-se um sol dourado, candente,
forçando contemplação mais profunda[4].

---

4. *Vision* Light strikes the pebbled bottom / Of a deep blue pool. / Through swaying grass A jewel flickers, gleams and turns, / Demands attention, as I pass, // A staring fish-eye's glance / Attracts my mind and heart – / The fish, invisible as glass. // A shimmering silver moon. / The fish, assuming shape and form, / Evolves a whirling, swirling dance, / Intensity of light increasing, / The disk becomes a blazing golden sun. / Compelling deeper contemplation.

Um mito moderno sobre coisas vistas no céu

A água é a profundeza do inconsciente, onde penetrou um raio **808** da luz da consciência. Um disco dançante, um olho de peixe, não voa no céu, mas nada na obscura profundeza do interior e inferior, e dele resulta um sol que ilumina o mundo, um *ichthys*, um *sol invictus*, um olho sempre aberto, que espelha o olho do observador e, ao mesmo tempo, é algo em si, particular e autônomo, um *rotundum*, que exprime a totalidade do si-mesmo e só de forma conceituai pode ser diferenciado da divindade. O "peixe" (*ichthys*) tanto quanto o "sol" (*novus sol*) são alegorias de Cristo, que como o "olho" representam a divindade. Na Lua e no Sol, aparecem a divina Mãe e seu amado Filho, como ainda hoje se pode constatar em muitas igrejas.

A visão dos Ovnis segue o velho ditado e aparece no céu. Num **809** lugar, pelo visto, divino, acontecem as fantasias de Orfeo Angelucci, e seus amigos cósmicos têm nomes de astros. Se não são diretamente deuses e heróis antigos, são, pelo menos, anjos. O autor faz jus a seu nome: assim como a sua esposa, uma Borgianini, seria – de acordo com a sua opinião – uma descendente da memória infeliz dos Bórgias, assim, ele, uma réplica dos *angeli*, e anunciador do mistério de Elêusis e da imortalidade, deve ser considerado como um novo Orfeu, enquanto iniciador do mistério dos Ovnis, escolhido pelos deuses. Se seu nome for um pseudônimo escolhido propositalmente, podemos dizer: "*è ben trovato*" (está bem inventado). Mas, se este estiver registrado na sua certidão de nascimento, o caso já é mais problemático. Hoje em dia não se pode admitir, sem mais nem menos, que um simples nome esteja dotado de força mágica. Neste caso, deveríamos atribuir à esposa dele, respectivamente à sua anima, um significado correspondentemente sinistro. O crédito que lhe queremos dar, atribuindo-lhe uma natureza de boa-fé, ingênua e intelectualmente limitada, poderia ser abalado pela dúvida de haver aqui "*a fine Italian hand*" (maquiavelismo, dedo do mestre), no jogo. Aquilo que para o consciente frequentemente parece impossível, mesmo assim o inconsciente o consegue com a astúcia da natureza – "*ce que diable ne peut, femme le fait*" (mais pode a mulher que o diabo). Quem quer que ele seja, seu livrinho é, em si, uma criação ingênua, que, justamente por causa disso, revela mais amplamente os subestratos inconsciente do fenômeno dos Ovnis e, por isso, vem como que de encomenda para o psicólogo. *O processo de individuação,* tão importante para nossa psicologia contemporânea, expressa-se ali com toda clareza, de forma simbólica, mas, de acordo com a mentalidade primária do autor, foi exposto de forma concreta, confirmando assim as nossas cogitações anteriores.

810 Depois que este epílogo tinha sido encaminhado à gráfica, tomei conhecimento do livro *The Black Cloud* de Fred Hoyle. O autor é o próprio Prof. Hoyle, autoridade mundialmente conhecida no campo da astronomia. Seus dois livros impressionantes *The Nature of the Universe* e *Frontiers of Astronomy* já me eram conhecidos de leituras anteriores. São exposições brilhantes das mais recentes conquistas da astronomia daquela época, e permitem reconhecer o seu autor como um pensador ousado e rico em ideias. Achei curioso que este autor tenha lançado mão da *"fiction story"*. O próprio Hoyle qualifica o livro, no seu prefácio, como *"a frolic"*, um gracejo, e se opõe a que as opiniões do seu herói, um matemático genial, sejam identificadas com as suas. Certamente, nenhum leitor inteligente incorrerá neste erro. Mas, mesmo assim, ele comprometerá Hoyle por ter escrito o livro, no momento em que se pergunta: o que foi que motivou o autor a levantar a questão dos Ovnis?

811 Pois Hoyle descreve em sua história como um jovem astrônomo, no observatório de Mount Palomar, descobre, durante investigações de *supernovae* no sul da constelação de Orion, uma mancha circular escura, numa aglomeração densa de estrelas. Trata-se de um assim chamado Globulus, uma nuvem escura de gás, que se dirige ao nosso sistema solar. Ao mesmo tempo, na Inglaterra, são registrados consideráveis distúrbios nas órbitas de Júpiter e Saturno. A causa disto é calculada por um matemático genial de Cambridge, o próprio herói da história, como uma determinada massa que, como depois se constata, encontra-se, exatamente, no lugar onde os americanos descobriram a nuvem escura. Este Globulus, cujo diâmetro corresponde, aproximadamente, à distância Sol-Terra, é constituído de hidrogênio de densidade bastante grande, e movimenta-se a setenta quilômetros por segundo, diretamente em direção à Terra. Ele alcançará a Terra,

aproximadamente, em dezoito meses. Quando a nuvem chega à proximidade imediata da Terra, um calor terrível destrói grande parte da natureza viva sobre a Terra. Depois, segue uma escuridão mais profunda que a noite egípcia, e que perdura por aproximadamente um mês. Uma *nigredo* como aquela descrita na *Aurora Consurgens,* um tratado atribuído a Santo Tomás: "Observando de longe, vi uma grande nuvem (ou névoa), que encobria toda a Terra de preto, tendo absorvido aquela que encobria a minha alma..."[5]

Quando a luz começa a reaparecer lentamente, instala-se um frio terrível, que novamente significa uma catástrofe avassaladora. Neste ínterim, as autoridades científicas que tratam do problema são isoladas, por determinação do governo britânico, numa colônia de laboratórios, cercada com arame farpado, onde, graças às medidas de segurança, conseguem sobreviver às catástrofes. Através da observação de estranhos fenômenos de ionização da atmosfera, chegam à conclusão de que estes acontecem de forma proposital, e que dentro da nuvem deve haver um agente inteligente. Através de um rádio, conseguem entrar em contato com este, e obtêm respostas. Assim, chegam a saber que a nuvem tem a idade de quinhentos milhões de anos e atualmente encontra-se em estado de regeneração. Ela encostou no sol para recarregar-se de energia. Poder-se-ia dizer que o sol é seu campo de pastagem. Os cientistas chegam a saber que, por certos motivos, a nuvem deve se desfazer de qualquer material radioativo, por este ser-lhe prejudicial. Este fato também é descoberto pelos cientistas americanos e, por iniciativa deles, a nuvem é bombardeada com bombas de hidrogênio, para "matá-la". No entanto, verifica-se que esta colocou-se ao redor do sol como um anel, e, como consequência, ameaça a Terra com dois eclipses anuais, de longa duração. Os ingleses têm, naturalmente, uma grande quantidade de perguntas a fazer à nuvem; entre outras também a questão "metafísica" a respeito de um Ser ainda maior, mais antigo, mais sábio e de maior conhecimento científico. Ela responde que já

---

5. "Aspiciens a longe vidi nebulam magnam totam terram denigrantem, quae hanc exhauserat meam animam tegentem..." (*Aurora Consurgens*, p. 48/49).

conversara a este respeito com outros *globuli*, mas que não conseguira maiores informações do que os homens. Revela-se seriamente disposta a passar todo o seu conhecimento mais elevado diretamente aos homens. Um jovem astrônomo prontifica-se a realizar a experiência. Entra num estado hipnótico e assim morre, em consequência de uma espécie de processo inflamatório no cérebro, sem antes poder transmitir qualquer informação. Então, o genial professor de Cambridge, por sua vez, se oferece para a experiência, sob a condição, aceita pela nuvem, de que o processo de transmissão de informações seja bem mais lento. Mesmo assim, ele entra num delírio que culmina com a sua morte. Mas, a nuvem já decidiu afastar-se do sistema solar e procurar uma outra região de estrelas fixas. O sol torna a emergir novamente do seu envoltório, e tudo volta a ser como antes, exceto a terrível destruição da vida terrestre.

813   Não é difícil perceber que o autor levantou a questão dos Ovnis, que caracteriza a nossa época: vindo do cosmo, aproxima-se uma forma redonda, cobrindo a Terra com catástrofes de extensão mundial. Apesar de, na maioria das vezes, a lenda enfocar a catastrófica situação política da Terra, ou a fissão nuclear como motivo indireto do fenômeno dos Ovnis, também não são poucas as vozes que farejam, no surgimento dos Ovnis, o verdadeiro perigo: a invasão da Terra por habitantes de outros planetas, que poderiam dar um rumo inesperado, e certamente indesejado, à nossa situação controvertida. A estranha ideia de que a nuvem disponha de uma espécie de sistema nervoso e de uma psique, ou seja, de uma inteligência correspondente, não é uma invenção genuína do autor, pois a especulação que acredita nos Ovnis já antecipou a hipótese de um "*sentient electrical field*" (campo elétrico sensorial), como também o pensamento de que os Ovnis se abastecem com alguma coisa da Terra: água, oxigênio, pequenos seres vivos etc; como a nuvem, de energia solar.

814   A nuvem redonda provoca o desencadeamento dos mais extremos contrastes de temperatura e uma nigredo absoluta, uma escuridão e negritude com a qual já sonhavam os alquimistas. Desta forma se descreve um aspecto característico daquele problema psicológico que se estabelece quando a luz do dia, o consciente, é confrontada

Um mito moderno sobre coisas vistas no céu

diretamente com a noite, ou seja, com o outro, estabelecendo uma desorientação e um obscurecimento da consciência, podendo adquirir dimensões desastrosas, como podemos observar no estágio inicial de uma psicose. Este aspecto, quer dizer, a analogia com uma catástrofe psíquica, mostra Hoyle na confrontação do conteúdo psíquico da nuvem com o consciente das duas infelizes vítimas. Assim como os seres vivos da Terra são destruídos, na maior parte das vezes, pela colisão com a nuvem, assim também a psique e a vida dos dois cientistas são destruídas pelo impacto com o inconsciente. É claro que o redondo é um símbolo da totalidade, mas, em geral, ele atinge um consciente despreparado, que não compreende a totalidade. Ele deve compreendê-la de modo errado, e por isso não à suporta, pois a percebe só externamente, em forma de projeção, e não pode integrá-la como um fenômeno subjetivo. O consciente incorre no mesmo mal-entendido, de consequências graves, em que o doente mental se emaranha; ele compreende o acontecimento como fato concreto, externo, real, e não como um processo subjetivo (simbólico), motivo pelo qual o mundo externo, naturalmente, entra numa desordem desesperadora e, de certa forma, sofre também um fim, pois o doente perde, em grande medida, a sua relação com ele. O autor insinua a analogia com a psicose, através do estado delirante do professor. Neste erro primordial, não só incorre o doente mental, mas todos aqueles que consideram especulações filosóficas e teosóficas como realidades objetivas. Eles consideram, por exemplo, o fato de acreditarem em anjos como, digamos, garantia de que eles objetivamente existam.

É significativo que, justamente o próprio herói da história, o genial matemático, seja atingido pela desgraça. Pois nenhum autor consegue fugir do fato inevitável de equipar o herói da história com alguns traços do seu próprio ser, e, desta forma, revelar que, pelo menos, um aspecto parcial de si mesmo está investido nele. O que acontece a ele, atinge, simbolicamente, o autor. Neste caso, isto é naturalmente incômodo, pois significaria que existe o temor de que uma eventual colisão com o inconsciente acarrete a queda da função mais diferenciada. É um preconceito amplamente difundido, comum, como se diz, que um reconhecimento mais profundo de motivos e disposições inconscientes tenha, necessariamente, como consequência, uma perturbação fatal da capacidade da consciência. No entanto, pode apenas acontecer uma transformação do conceito da consciência. Já que, na nossa história, tudo está projetado para fora, a humanidade, e, em geral, toda a vida orgânica na Terra, sofrem grandes perdas. O autor não destaca esse fato. Pode-se dizer que ele é mencionado como produto secundário, o que permite concluir que se trata de uma postura predominantemente intelectual do consciente.

816 Provavelmente, um tanto impressionada com as cem bombas de hidrogênio que, através da radioatividade, poderiam perturbar de certa forma o seu sistema nervoso, a nuvem retira-se da mesma forma como veio. A respeito dos seus conteúdos, não se chega a saber praticamente nada, além do fato de que ela sabe tão pouco quanto nós a respeito de uma questão principal, tipicamente metafísica. Mesmo assim, a sua inteligência se revela elevada demais para o homem, chegando a uma proximidade suspeita com um ser divino ou angélico. Aqui, o grande astrônomo anda de mãos dadas com o ingênuo Angelucci.

817 Sob o ângulo psicológico, a história descreve conteúdos fantásticos, que pela sua natureza simbólica se revelam oriundos do inconsciente. Quando uma tal confrontação acontece, costuma também esboçar-se uma tentativa de integração. Na história, esta tentativa se expressa no fato de a nuvem pretender aproximar-se do Sol, por um período mais prolongado, para suprir-se de energia. Psicologicamente, isto significaria que o inconsciente ganha força e vida através da sua união com o Sol. Este, por sua vez, não perde energia, e sim, a Terra e a vida nela, significando o homem. É ele que paga o preço desta intromissão – ou melhor – desta erupção do inconsciente: sua vida psíquica está ameaçada de sofrer danos.

818 Então, o que significa – sob o aspecto psicológico – a colisão cósmica, ou melhor, psíquica? Pelo visto o inconsciente obscurece o consciente, já que não há um entendimento, um processo dialético entre os conteúdos do consciente e os do inconsciente. Para o indivíduo, isto significa que a nuvem lhe tira a energia do Sol, ou, em outras palavras, que o seu consciente é dominado pelo inconsciente.

Isto equivale a uma catástrofe generalizada, como aquela que presenciamos com o nazismo, ou com a inundação comunista, em que uma ordem social arcaica, ainda atuante, ameaça a liberdade humana, com tirania e escravidão. O homem responde a estas catástrofes com as suas "melhores" armas. Seja este o motivo, ou seja uma mudança de opinião (como parece ser o caso), a nuvem se retira para outras regiões. Psicologicamente, isso quer dizer: o inconsciente torna a submergir, um pouco mais energizado, para a sua posição anterior. O balanço é deprimente: a consciência humana e a vida em geral sofreram danos incalculáveis, devido a uma incompreensível "brincadeira da natureza", que carece de qualquer sentido humanitário, "*a frolic*" (brincadeira) de extensão cósmica.

Este último aspecto indica novamente algo psíquico, que não é compreendido nos nossos dias. Claro que para os sobreviventes o pesadelo desapareceu, mas a partir daí terão de viver num mundo devastado: o consciente sofreu uma perda na sua própria realidade, como se o pesadelo tivesse roubado algo essencial e o carregado consigo. A perda que se sofre numa colisão destas consiste no fato de que uma oportunidade singular, talvez sem retorno, tenha sido perdida, ou seja, a possibilidade de um entendimento com os conteúdos do inconsciente. De acordo com a história, foi possível estabelecer um contato inteligente com a nuvem, mas a transmissão de seus conteúdos revelou-se insuportável e leva à morte aqueles que se submetem à experiência. Nada se chega a saber sobre os conteúdos do outro lado. O encontro com o inconsciente termina sem resultados. O nosso conhecimento não foi enriquecido. Permanecemos no mesmo lugar a que tínhamos chegado antes da catástrofe. De resto, ficamos empobrecidos de, pelo menos, metade do mundo. Os pioneiros científicos, os representantes da vanguarda, mostraram-se muito fracos, ou imaturos, para poder assimilar a mensagem do inconsciente. Só resta esperar para ver se este desfecho melancólico é profético, ou uma confissão subjetiva.

Comparando a isso as ingenuidades de Angelucci, obtemos um quadro valioso sobre a diferença entre a opinião cientificamente formada e a não formada. Ambos desviam o problema para o concreto:

um, para tornar crível uma ação celeste de salvação; o outro, para transformar a expectativa secreta – ou melhor, misteriosa – numa brincadeira literária e de diversão. Por maior que seja a diferença entre eles, ambos são atingidos pelo mesmo fator inconsciente e utilizam-se de um simbolismo basicamente parecido, para dar expressão à aflição inconsciente.

Apêndice

Um outro livro, recentemente publicado, o romance de John Wyndham, *The Midwich Cuckoos*, confere um significado muito especial a uma "coisa" que, pelo visto, é um Ovni. Esta coisa, de origem desconhecida, presumivelmente extraterrestre, introduz num pequeno e retirado vilarejo inglês um estado de encantamento, em que homens e animais mergulham num sono hipnótico, por um período de vinte e quatro horas. A área do sono traça um círculo ao redor do vilarejo, e todo ser vivo que se aproxima, logo que ultrapassa a linha mágica, adormece. Vinte e quatro horas depois, um após o outro, acordam, como se nada tivesse acontecido, aparentemente.

Várias semanas depois, coisas estranhas são descobertas: primeiro uma, depois, outra, e, finalmente, todas as mulheres fecundas do vilarejo estão grávidas. No devido tempo, nascem as crianças, com olhos dourados. Na medida em que vão se desenvolvendo, eles começam a mostrar sinais de inteligência superior. Mais tarde, verifica-se que o mesmo milagre aconteceu num vilarejo da Sibéria, numa aldeia de esquimós, e num vilarejo da África. Graças à sua situação isolada e à sua insignificância, os órgãos competentes do vilarejo inglês conseguem evitar um escândalo público. A extraordinária inteligência das crianças ocasiona, forçosamente, dificuldades, e instala-se uma escola especial para elas. O fato mais admirável é que, quando um menino aprende algo novo, ainda desconhecido, todos os outros meninos também já sabem, e isto acontece também com as meninas, de modo que só uma menina e um menino precisam frequentar a escola. Enfim, o astuto professor não tem mais dúvidas de que as crianças de olhos dourados representam um tipo mais elevado de *Homo sapiens*. Além do mais, a sua inteligência adiantada anda de mãos dadas com a sua consciência do potencial de poder para dominar o mundo. A questão de como enfrentar essa ameaça suscita vários tipos de solução. Os africanos matam as crianças imediatamente. Os esqui-

148 Obra Completa — Vol. 10/4

mós abandonam-nas no frio. Os russos isolam o vilarejo e o destroem com bombas. Mas, na Inglaterra, o professor preferido leva para a sala de aula umas caixas que pareciam conter uma aparelhagem de laboratório, mas que, na realidade, é dinamite. Ele se fecha na classe e explode tudo junto com todas as crianças.

823   A estranha partenogênese e os olhos dourados indicam um parentesco com o Sol, e caracterizam as crianças como de origem divina. Os seus pais parecem ter sido anjos do anúncio da boa-nova, que teriam vindo das "regiões supracelestes", para cuidar da tolice e do estado retrógrado do *Homo sapiens*. É uma interferência divina que dá um decidido impulso à evolução. Ou, para falar em linguagem moderna, uma espécie mais avançada de ser humano de outro planeta visita a Terra para realizar experiências com mutações e inseminação artificial. Mas o Neandertal de hoje não está nada disposto a abdicar dos privilégios da raça dominante, preferindo manter o *status quo* através de métodos devastadores, que sempre foram o seu argumento final.

824   É evidente que os filhos do Sol, gerados de forma milagrosa, representam uma inesperada capacidade de consciência, mais ampla e mais elevada, e com isso reprimem um estado intelectual atrasado e inferior. Contudo, nada se ouve sobre um nível mais elevado de sentimento e moral que seria indispensável para equilibrar as possibilidades de percepção e inteligência mais desenvolvidas. É significativo que este aspecto não parece se apresentar no campo de visão do autor. Ele se satisfaz com o fato de as crianças terem uma vantagem decisiva, de qualquer tipo, sobre o homem hodierno. Mas o que ocorreria se as crianças tivessem que simbolizar o germe de uma possibilidade de desenvolvimento mais avançada, que superaria a forma humana até agora vigente? Neste caso, a história se parece muito com a nobre e antiga repetição da infância ameaçada do herói, e da sua morte prematura, por traição. Por outro lado, estas crianças têm uma particularidade muito suspeita: não são diferenciadas individualmente, mas vivem num estado permanente de *"participation mystique"*, quer dizer, de identidade inconsciente, que exclui uma diferenciação e uma evolução individuais. Se tivessem sido poupadas da exterminação prematura, teriam criado uma sociedade totalmente uniforme, cuja forma, extremamente tediosa, coincidiria plenamente com o ideal de um Estado marxista. Assim, o final negativo da história permanece um assunto duvidoso.

Referências*

ANGELUCCI, O.M. Nature of infinite entities. In: ANGELUCCI, O. *Son of the Sun*. Los Angeles: DeVorss and Co., 1959.

_____. *The Secret of the Saucers*. Amherst (Wis.): Amherst Press, 1955.

AURORA CONSURGENS. Documento atribuído a Tomás de Aquino sobre a problemática alquimista dos opostos. In: JUNG, C.G. *Mysterium Coniunctionis*. Petrópolis: Vozes, 1983 [OC, 12] [Org. e coment. Por Marie-Louise von Franz].

BASH, H.W.; AHLENSTIEL, H. & KAUFMANN, R. Über Präyantraformen und ein lineares Yantra. *Studien zur Analytischen Psychologie C.G. Jungs*. Edição comemorativa do 80º aniversário de C.G. Jung. Org. pelo Instituto C.G. Jung. 2 vols. Zurique: Rascher, 1955 [vol. I: Beiträge aus Theorie und Praxis].

BAUMGARTNER, M. Die Philosophie des Alanus de Insulis. In: BÄUMKER, C. & HERTLING, G.F. v. *Beiträge zur Geschichte der Philosophie des Mittelalters*. Vol. II, fasc. 4. Münster: [s.e.], 1896.

BÖHLER, E. *Ethik und Wirtschaft. Industrielle Organisation*, Zurique: [s.e.], 1957.

BOEHME, J. *Vierzig Fragen von der Seele*. Amsterdã: [s.e.], 1682.

BUNYAN, J. *The Pilgrim's Progress from this World to that which is to come*. Londres: [s.e.], 1918 [1ª edição 1675/1684].

BUETTNER, H. (org. e trad.). *Meister Eckharts Schriften und Predigten*. 2. ed. Vol. I. Jena: [s.e.], 1912. Vol. II. Jena: [s.e.], 1909.

FRANZ, M.-L. von. *Die Visionen des Niklaus von Flüe*. Zurique: [s.e.], 1959 [Estudos do C.G. Jung-Institut, 9].

---

* Em obras mais recentes (publicadas desde a Segunda Guerra Mundial) foi indicada a editora.

150   Obra Completa — Vol. 10/4

GOETHE, J.W. von. *Faust.* Obr. compl. Insel/Leipzig: [s.e.], 1942.

_____. *Werke.* – Vollständige Ausgabe letzter Hand. 31 vols. Stuttgart: Cotta, 1827-1834.

GOTTHELF, J. *Die schwarze Spinne.* Coleção Klosterberg, Basileia: [s.e.], 1942.

HARDING, M.E. *Journey into Self.* Nova York/Londres/Toronto: Longman's, Green and Co., 1956.

HEARD, G. *The Riddle of the Flying Saucers.* Is another world watching? Londres: Carroll and Nicholson, 1950.

HEGEMONIUS. *Acta Archelai.* (Die griechischen christlichen Schriftsteller der ersten drei Jahrhunderte) Leipzig: [s.e.], 1906 [Org. por Charles Henry Beeson].

HENNECKE, E. (org.). *Neutestamentliche Apokryphen.* Tübingen/Leipzig: Mohr, 1904.

HILDEGARD VON BINGEN. *Wisse die Wege.* Scivias. – Nach dem Originaltext des illuminierten Rupertsberger Kodex ins Deutsche übertragen und bearbeitet von Maura Böckeler. Salzburg: O. Müller, 1954.

HOYLE, F. *The Black Cloud.* Londres: Heinemann, 1957.

_____. *Frontiers of Astronomy.* Londres: Heinemann, 1955.

_____. *The Nature of the Universe.* Oxford: Bruno Cassirer, Oxford, 1950. Alemão: Die Natur des Universums. Zurique: Atrium Verlag, Zurique [s.d.].

JAFFÉ, A. *Geistererscheinungen und Vorzeichen.* Eine psychologische Deutung, mit einem Vorwort von C. G. Jung. Zurique: Rascher, 1958.

JAHRBUCH, Basler, 1901. Org. por Albert Burckhardt e Rudolf Wackernagel. Basileia, 1901. [Cartas de Jakob (sic) Burckhardt a Albert Brenner, com introdução e anotações de Hans Brenner, p. 87-110].

JUNG, C.G. *Aion* – Estudos sobre o simbolismo do si-mesmo. Petrópolis: Vozes, 2011 [OC, 9/2].

_____. "Bruder Klaus". In: JUNG, C.G. *Psicologia da religião ocidental e oriental.* Petrópolis: Vozes, 2011 [OC, 11].

_____. *Psicologia e alquimia.* Petrópolis: Vozes, 2011 [OC, 12].

_____. "O si-mesmo". In: JUNG, C.G. *Aion* – estudos sobre o simbolismo do si-mesmo. Petrópolis: Vozes, 2011 [OC, 9/2].

_____. "A sincronicidade como um princípio de conexões acausais". In: JUNG, C.G. *A dinâmica do inconsciente.* Petrópolis: Vozes, 2011 [OC, 8].

_____. "O simbolismo dos mandalas". In: JUNG, C.G. *Os arquétipos e o inconsciente coletivo*. Petrópolis: Vozes, 2011 [OC, 9/1]

_____. "O renascimento". In: JUNG, C.G. *Os arquétipos e o inconsciente coletivo*. Petrópolis: Vozes, 2011 [OC, 9/1].

_____. O símbolo da transformação na missa. In: JUNG, C.G. *Psicologia e religião ocidental e oriental*. Petrópolis: Vozes, 2011 [OC, 11].

KEYHOE, D.E. *Flying Saucers from Outer Space*. Nova York: Henry Holt and Co., 1953.

_____. *The Flying Saucer Conspiracy*. Londres: Hutchinson, 1957.

KLAGES, L. *Der Geist als Widersacher der Seele*. 2. ed. Leipzig: [s.e.], 1937.

_____. *Vom cosmogonischen Eros*. Jena: [s.e.], 1922.

MACROBIUS (Ambrosius Theodosius). Commentarium in Somnium Scipionis. In: EYSSENHARDT, F (org.). *Opera*. Leipzig: [s.e.], 1893.

MENZEL, D.H. *Flying Saucers*. Cambridge (Mass.)/Londres: [s.e.], 1953.

MICHEL, A. *The Truth about Flying Saucers*. Londres: [s.e.], 1957. Original: *Lueurs sur les soucoupes volantes*. Paris: Mame, 1954.

OSTWALD, W. (org.) *Annalen der Naturphilosophie*. Leipzig: [s.e.], 1902s.

PORTMANN, A. Die Bedeutung der Bilder in der lebendigen Energiewandlung. *Eranos-Jahrbuch*, XXI, 1952. Zurique: Rhein-Verlag, 1953.

RHINE, J.B. *Extra-Sensory Perception*. Boston: [s.e.], 1934.

_____. *New Frontiers of the Mind*. Nova York/Toronto: [s.e.], 1937. Alemão: *Neuland der Seele*. Stuttgart: [s.e.], 1938.

RUPPELT, E.J. *The Report on Unidentified Plying Objects*. Nova York: Doubleday Co., 1956.

SCHREBER, D.P. *Denkwürdigkeiten eines Nervenkranken, nebst Nachträgen und einem Anhang*. Leipzig: [s.e.], 1903.

SIEVERS, E. *Flying Saucers über Südafrika*. Zur Frage der Besuche aus dem Weltenraum. Pretoria: Sagittarius Verlag, 1955.

WELLS, H.G. *The Time Machine*. An Invention. Londres: [s.e.], 1920.

_____. *The War of the Worlds*. Londres: [s.e.], 1898.

WILHELM, R. *O segredo da flor de ou*ro – Um livro de vida chinês. 12. ed. Petrópolis: Vozes, 2010 [Contribuição de Jung em: OC, 13].

WILKINS, H.T. *Flying Saucers on the Attack*. Nova York: Citadel Press, 1954.

Índice onomástico*

Adamski, Mr. 612
Adler, A. 658s.
Ahlenstiel, H. 803[2]
Angelucci, O.M. 791, 803, 816, 820

Bash, K.W. 803[2]
Baumgartner, M. 622[10]
Birkhäuser, P. 736, quadro 3
Böhler, E. 616[6]
Böhme, J. 640, 733, 763
Bunyan, J. 722

Coccius, S. 758

Demócrito 766
Dryden, H.L. 606

Flammarion, C. 764[2]
Franz, M.L. 643[8], 811[5]
Freud, S. 637, 658, 659

Geulincx, A. 593
Goethe, J.W.
- *Fausto* 674, 692[21], 703[26], 715, 730, 738
Gogh, V. 740[8]
Gotthelf, J. 671

Harding, E. 722
Heard, G. 667[12]
Heráclito 630, 695
Heróstrato 725[1]
Hildegard, B. 765[3], 766, 767, 769[5], quadro 8
Hopfer, H. 696
Houten, D. 764[2]
Hoyle, F. 810-820

Jacobi, K.G.J. 777
Jacoby, E. 736, quadro 2
Jaffé, A. 700[22]
Jung, C.G. 627
- Aion – cap. "O si-mesmo" 621[9]
- Bruder Klaus 643[8]
- Psychologie und Alchemie 692 726[3], 730[4]
- Psychologie der Übertragung 762[1]
- Sincronicidade 593[5]
- Über Mandalasymbolik 619[8]
- Über Wiedergeburt 622[13]
- O símbolo da transformação na missa 674[16]

Kant, I. 779
Kaufmann, R. 803[2]

---

* Os números se referem aos parágrafos. Os números em índice se referem às notas de rodapé.

Keyhoe, D. 591, 603, 717[29], 782
Keyserling, G.H. 790
Klages, L. 657
Klaus, B. (v. Nicolau de Flüe)
Kluger, H.Y. 704[27]
Knoll, M. 591

Leibniz, G.W. 593, 635

Macrobius 766[4]
Mantell, T.F. 628[1]
Menzel, D.H. 701, 701[25], 782
Michel, A. 591[4], 609[4], 668[13]

Nicolau de Cusa 766, 806
Nicolau de Flüe 643[8]
Nietzsche, F. 657, 658

Platão 621
- *Timeu* 738

Portmann, A. 636

Rhine, J.B. 660, 743, 780
Ruppelt, E.J. 591, 601, 782

Schopenhauer, A. 593
Schreber, D.P. 690
Schweitzer, A. 783
Sievers, E. 612, 667[12], 756
Stalin, J.W. 790

Tanguy, Y. 748s. 763, quadro 4
Tomás de Aquino 763, 811

Weber, B. 764[2]
Wells, H.G. 599, 738[7]
Wilkins, H.T. 628 667[12]
Wyndham, J. 821s.

Zôsimo de Panópolis 630, 728, 767

Índice analítico[*]

Abaissement du niveau mental (Janet) 795

Abelha 667[12]

Acaso, casual 743, 750

Acta Archelai 699

Afeto 643, 646, 680, 708, 728, 745, 755

África 822

Águia 622[12], 727

Água 628, 629, 641, 726, 737, 741, 745, 746, 771, 808
- dos filósofos 629, 727

Alá 622

Alemanha, alemão 599, 775

Além (cf. tb. deste lado e do outro) 623, 699, 720, 819

Alma, anímico (cf. tb. psique, psíquico) 617, 619, 621, 630, 633, 635, 640, 651, 655, 673, 698, 702, 754, 769, 776, 779, 807
- centelha da 766
- mundial 621, 635
- perda da 721

Alquimia 619s., 629s., 727s., 732, 738, 745, 767, 768, 772, 790, 801s., 811s.

Alucinação 597[1], 609, 649, 651, 714

América, americanismo 595, 601, 602[3], 603, 611s, 719, 784, 790

Amor 677
- caridade 779

Amplificação 646, 771

Anábase
- Catábase 674

Anacoreta (cf. tb. ermitão) 649

Anatomia 636

Andrógino 772

Anglo-Saxônia 775

Anima (v. arquétipo)
- cristã 766

Animal, animalesco 635, 646, 679, 680, 785

Animismo, animação da natureza 629

Animus (v. arquétipo)

Anjo 698, 714, 728, 733, 809, 814, 816

Ano 775

Antártida 603

Anthropos 622, 733, 751, 767

Antiguidade (v. mundo antigo)

Antinomismo 676

---

[*] Os números se referem aos parágrafos. Os números em índice se referem às notas de rodapé.

Apocalipse, apocalíptico (cf. tb. Bíblia – Revelação) 727, 740[8]
Apócrifos (v. Bíblia)
Aqua coelestis 628
Aqua doctrinae 745
Aqua permanens 628, 629, 741
Aquário (*Aquarius*) 589
Ar 727
Aranha 666-672, 679
Arcano (substância arcana) 633, 728
Arco-íris 728, 764
Aries 589
Aritmética 768, 805
Arquétipo, arquetípico 589, 593, 621,
622, 625, 629, 635, 646, 652, 656, 660, 663, 694, 703, 713, 720, 728, 730, 731, 747, 755, 767, 776, 780, 803, 805
- da anima 693, 713, 714, 715, 775, 809
- do animus 698
- do incesto 659
- da mandala (v. mandala)
- do complexo de Édipo 658
- do si-mesmo 771, 779, 805, 806
- do homem primordial (v. homem primordial)
- como número 778, 779, 780, 805
Arte, artista 724, 725, 754, 755
Ártemis (templo de) 725[1]
Ascese, ascético 649, 754
Associação 626, 692
- teste de 753
Astrologia 682, 684, 687, 700
Astronomia 635, 810
Atman 779
Átomo (teoria do) 600, 611, 766
Aurora Consurgens 763, 811

Aurum non vulgi 728
Aurum potabile 741
Autoconfiança 674
Autoconhecimento 674, 677
Autocrítica 674
Avião 603, 635, 639, 666, 668

Bactérias 673
Bahamas 603
Balder (Baldur) 701
Barbelo
- Gnósis 751
Basileia 758, quadro 5
Beleza 724
Bem, bom o 676, 677, 733, 766, 796
Bíblia, bíblico 728
- Antigo Testamento 640, 741
-- Daniel 733
-- Ezequiel 733, 738, 741, 765
-- Isaías 641[6]
-- Salmos 728
-- Zacarias 766
- Novo Testamento
-- Evangelhos 738, 751
-- Lucas 733[6]
-- Mateus 733
-- Apocalipse 640, 728
- Apócrifos Neotestamentários 641[7], 676[17]
Biologia, biológico 636, 649, 656[10], 823
Bola (esfera) 618, 619, 627, 635, 639, 683, 758, 760-763, 766-769, 792
Bolchevismo 610
Bomba de Hidrogênio 615, 812, 816
Buda 779
Budismo Mahayana 802
Buridan (asno de) 709

Cabala 779
Cádi 622, 779
Califórnia 704
Caos 661, 725, 755, 803
Capitalismo 610
Caritas (v. amor)
Caronte 699
Cassandra 713
Catábase (v. anábase)
Causalidade 789, 790
Cegueira 645
Céu, celestial
- (na alquimia) 628
- (astronômico) 635
- e Terra (v. Terra)
- de estrelas fixas 618
- (metafísico) 617, 622
- (como paraíso) 801
- esferas do 764
- como lugar supraceleste 621, 823
- sinais do 608, 610, 755
Chama (v. Fogo)
Chen-Yen 622[11]
China, chinês 631, 772
Chuva 667[12]
cibus immortalis 629
Ciências naturais 623[14]
Cinismo 653
Circunvolução 619
Círculo (cf. tb. forma redonda) 619, 622, 672, 704, 729, 738, 740, 741, 749, 751, 767, 771, 772, 775, 792, 803, 812
Cisão (cf. tb. dissociação) 653
Coabitação 751
Coelho 779
Coincidência 593, 682
Coincidentia oppositorum (cf. tb. opostos) 674

Coletivo 610, 659, 674, 679, 696, 710, 719, 722, 731
Compensação 648, 649, 650, 651, 732, 742
Complexio oppositorum (cf. tb. opostos) 727, 766, 806
Complexo (cf. tb. Édipo) 658, 753[9], 755
Comunismo 653, 818
Conflito 706, 709, 805
Coniunctio oppositorum (cf. tb. opostos, junção dos) 766
Consciência 646, 653, 818, 824
- em termos morais 807
Consciente 593, 608, 618, 621, 623, 634, 642, 643, 648, 656, 657, 671, 678, 679, 680, 690, 693, 694, 695, 714, 715, 720, 722, 724, 727, 732, 733, 734, 738, 743, 754, 767, 770, 774, 775, 779, 784, 795, 798, 801, 807, 808, 814, 815, 818
- conteúdos do 634, 643, 818
- e inconsciente 593, 781, 818
Conscientização 774, 775
Contos 629
Cor, cores 602, 618
- azul 640, 671, 729, 807
- branco 640, 683, 693, 698, 729, 790
- verde 602[3], 605, 622, 748
- vermelho 758, 790, 792
- preto 666, 758
Cordeiro 679
Corpo (físico) 766
- humano 650
- e alma/psique 780, 788
Corpos celestes 691, 695, 728, 764, 769
Credo 623, 651, 720, 783

158   Obra Completa — Vol. 10/4

Cosmo, cósmico 600, 610, 611, 648, 683, 691, 698, 706, 720, 752, 803, 813, 818
Criação 630, 633
Criança 620, 621, 765
- divina 822, 823, 824
Cristianismo, cristão 589, 622, 623, 634, 640, 641, 645, 652, 738, 741, 751, 762, 767, 772, 779, 783, 806
Cristo 622, 629, 676, 733, 767, 779, 797, 806
- androginia de 772
- como peixe 802
- como divino mediador 783
- como cabeça da Igreja 751
- como *lapis* 806
- postulado de 634, 641
- o homem, filho do homem 733, 751
- como fonte 629
- como filho da mãe 808
- como sol 808
- em visão 766
Cross-cousin-marriage 762
Cruz 730, 737, 738, 761, 762
Cruzados 797
Cultura 685, 725
Curandeiro 700

Dança 807
Daniel (v. Bíblia)
Davi (escudo de) 771
Decálogo 677
Delfos 672
Demiurgo 633
Demônio, demoníaco 633, 738, 748
Desejo 658
Deste lado (do mundo) e do outro lado (além) 623

Destino 609, 714, 720, 769
Deus, deuses, divindade, divino 589, 610, 622, 633, 634, 637, 638, 639, 640, 641, 642, 643, 644, 645, 652, 656, 690, 691, 714, 728, 733, 735, 738, 746, 751, 766, 767, 776, 783, 806, 808, 816, 823
- homem-deus 622
- e homem 634, 767
- mensageiro de 727
- olho de (v. Olho)
Dia 766
Diabo, diabólico 651, 700, 733, 738, 741, 769
Dimensão, quarta 736-747, 773, quadro 3
Dioniso 657
- Enkolpios 638[4]
Discos voadores (v. Ovnis)
Dissociação (cf. tb. cisão) 608, 622, 705, 708
Ditadura 718
Divisão
- em três partes 766, 768
- em quatro partes 738, 803
Dinâmica 663, 731, 745
Doença, doente 629
- mental 609, 642, 669, 672, 814
Doggeli (v. pesadelo)
Dyas (dois) 805

Ecclesia (cf. tb. Igreja) 751
Édipo 713, 714
- complexo de 658
Éfeso 725
Egito 589, 645
Elemento ômega 728
Elementos 629
Elementum capitis 728

Elêusis, mistério de 809
Elias 622[12], 733
Elixir vitae 727, 741
Emoção, emocional (cf. tb. afeto, sentimento) 643
Encantamento de Vênus 700
Encarnação 695
Enkolpios (v. Dioniso)
Éon (mês mundial, era) 589, 696, 755
Epifania 622, 691, 694, 751, 770, 771
Equinócio da primavera 589
Ermitão 649
Escola Freudiana (cf. tb. Freud, Sigmund; psicanálise) 658, 659
Escravo, escravidão 790, 818
Esfera, esférico v. bola
Esfinge 714
Espaço, espacial 600, 611, 614, 624, 635, 636, 648, 667, 685, 696, 698, 735, 785
Espada 638
Espiritismo 597
Espírito, espiritual 629, 650, 651, 652, 654, 727, 766, 767
- como fantasma 699, 714, 727
- Santo 679, 728, 733, 766, 767
- e corpo/espiritual-físico 650, 651, 652
- e matéria 766, 767
Espiritualismo 780
ESP (*Extra-Sensory-Perception*) 660[11]
Esquimó 822
Estado 653, 824
Estatística 655, 673, 682, 743, 744, 784
Estige 699
Estigma 799, 806

Estratosfera 589
Estrela, astro 635, 697, 714, 730, 740[8], 769, 809
Ética, ethos (cf. tb. moral) 676, 677
Eu 649, 671, 672, 673, 693, 721, 804
Europa 617
Evangelho (v. Bíblia)
Evangelistas (cf. tb. Bíblia) 738
Exidrargiriose 629
Extra-Sensory-Perception (v. ESP)
Extroversão 658
Ezequiel (v. Bíblia)

Fada 619
Falo 618[7], 637, 638, 751
Fantasia 593, 610, 611, 614, 649, 740[8], 743, 753, 755, 770, 777, 781, 804, 809, pref. 1ª ed. ingl.
- coletiva 756
- sexual 631
- tecnológica 663, 667
Fantasma 781 Fátima 597
Fausto (v. Goethe)
Fecundação 638
Felix culpa (cf. tb. pecado) 677
Femina candida 790
Filius hermaphroditus 629
Filius hominis 733
Filosofia 663. 727, 738, 784, 814
- Hermética 621, 633
Física, físico 592, 594, 597, 603, 608, 612, 625, 628, 780, 785, 787, 788
- nuclear 600, 603, 625, 742, 813
Físico-psíquico (v. psíquico)
Fisiologia, fisiológico 667, 803[2]
Flecha 638
Flor 748

Fogo 619, 622, 643, 644, 725, 726, 727, 728, 733, 734, 739, 745, 746, 750, 752, 766, 769, 770, 771, quadro 2
- dos filósofos 726
Fonte 629, 741, 742
Foo fighters 599
Força de gravidade (v. gravidade)
Forma
- cilíndrica 618, 751, 761, 789
- de charuto 602, 618, 637, 662, 749, 750, 755, 772
- de gota 628, 631, 637, 641
- lenticular 602, 635, 637, 662, 761
- redonda, circular 589, 618, 622, 634, 635, 641, 666, 667, 673, 699, 704, 712, 715, 726, 728, 729, 737, 740[8], 750, 751, 755, 761, 764, 772, 783, 789, 792, 803, 805, 814
França 601, 775
Funções 626, 657, 677, 678, 738, 751, 774

Gaillac 668
Galáxias 635, 798
Gallup (teste de) Pref. à edição inglesa
Gerar, geração, gerador 638, 824
Gigantes 603
Gnósis, gnóstico 751, 772, 774
Gnosticismo 676
Gota (v. forma de Grã-Bretanha) 601
Graal 713
Gravidade 611, 624, 667, 788
- Anti 667, 788
- ausência de força 600, 602, 611, 624, 668, 787, 788

Guatemala 613
Guerra 597, 599, 611, 615, 617, 684, 687, 691, 699, 789

Hades 695
Henoc 733
Hermafrodita (cf. tb. *filius hermaphroditus*) 727, 772
Hermes 630
- *Katachthonios* 727
Heróis 809
Hidrofobia (vírus da) 636
Hierósgamos 751
Himalaia 603
Hipnose, hipnótico 812, 821
Histeria 631
História, histórico 617, 623, 647
Homem, humano 636, 663, 670, 677, 678, 679, 680, 681, 715, 719, 722, 797
- interno 751
- moderno 619, 624, 653, 731, 734, 784, 824
- e animal 738, 741, 776
- o verdadeiro/completo 622[11]
- primordial 622, 767
Homo maximus 727, 733
Homo sapiens 822
Horóscopo 700
Horus, olho de 645, 738

Ichthys 808
Idealismo 653
Ideia 621
Igreja (como instituição) cf. tb.
Ecclesia 651, 654, 751
- católica 654
Imaginação (v. fantasia)
- ativa 736, 804
Imortalidade 629, 796, 809

Um mito moderno sobre coisas vistas no céu

Imperialismo 610
Incesto 659
Inconsciência 610, 675, 676
Inconsciente (cf. tb. psicologia do I.
593, 609, 618, 624, 626, 632,
634, 645, 646, 653, 656, 661,
665, 673, 676, 677, 690, 693,
695, 698, 711, 714, 715, 721,
725, 727, 731, 732, 733, 746,
753, 754, 755, 763, 766, 777,
779, 784, 808, 809, 814, 815,
817, 818, 819
- coletivo 646, 667, 714, 755, 767,
783, 785, 814
- e consciente (v. consciente)
- conteúdos do 608, 609, 621, 634,
714, 754, 770, 774, 779, 789,
818, 819
- função formadora de símbolos do
784
- teoria compensadora do (cf. tb.
compensação) 651, 732
Índia, indiano 615, 631
Individuação 621, 692, 714, 718,
722, 809
Indivíduo 621, 652, 653, 661, 664,
719, 720, 721, 734, 824
- e coletividade/massa 660
Infantil, infantilidade 728
Inferno 733
Inflação 671, 673, 721
Inglaterra, inglês 821, 822
Inseminação artificial 823
Insetos 667, 762, 785
Instinto, instintivo 622, 637, 646,
650, 651, 652, 654, 656, 657,
659, 660, 661, 663, 664, 679,
680, 714, 715, 719, 755
Integração 817
Intelecto 642, 657, 774

Introversão 658, 753, 754
Intuição 626, 774
Ionização 812
Irracional – idade 753
Itália 601

Javé 733, 741
Jerusalém 597
Jesuítas 610
Judeus, judaico 610, 772

Lambarene 783
Lança 638
Lapis philosophorum 738, 806
Leite 769
Levitação 667
Liberdade 718, 818
Libertinismo 676
Líquido 628, 629, 630, 641
Lua 611, 612, 614, 697, 699, 766,
807, 808
Lucas (v. Bíblia)
Lúcifer 733
Luna 766
Luz 622, 641, 667, 733, 737, 763,
792, 794, 796, 807, 811, 812

Macaco 679
Maçon 610
Macrocosmo (cf. tb. cosmo) 635
Mãe
- de Deus 766, 808
- e filho 772, 808
Magia, mágico, mago 628, 700,
701, 809, 821
Magnetismo 611
Mahayana (v. Budismo)
Mandala 619, 621, 635, 692, 731,
741, 761, 775, 777, 803, 805

Mar, marinho 629, 730
- animal 748
Mare nostrum 629
Maria, copta, judia 738
- axioma de 768
Marte v. planetas
Marxismo 824
Masculino-feminino 637, 662, 714, 767, 772, 790
Massificação 718
Matemática 777
Matéria 766
- e espírito (v. espírito)
Materialismo, materialista 653, 655, 780
Materialização 788
Mateus (v. Bíblia)
Matriarcado 790
Medicina 673
Meditação 650
Médium (espiritista) 788
Medo 615, 632, 643, 665, 691, 696, 699, 701, 724, 727, 731, 784
Mefistófeles 715
Meio ambiente 667, 754
Mercúrio (cf. tb. Hermes) 727
- como elemento 629, 630
Mercurius, mercúrio (do hermetismo e da alquimia) 629, 727, 767, 772
Merseburger Zauberspruch 700
Messias 622
Metafísica 617, 623, 624, 634, 635, 644, 656[10], 694, 716, 720, 738, 774, 779, 780
Metal, metálico 602, 627, 629, 666, 673, 703, 767, 796
Meteoros, meteoritos 603, 608, 618, 625, 785
Microcosmo 619, 635

Milagre 728
Mistério 674
- antigo 809
Misticismo, místico 801
Missa 674
Mito, mítico 625, 714, 715, 732, 783, 784
Mitologia, mitológico 621, 624, 633, 646, 695, 699, 700[22], 776, 782
Moisés (cf. tb. Bíblia) 641
Mônadas 635
Mondamin 779
Monogenes 751
Mons, lutadores de 597
Monstro 611, 635
Moral 653, 674, 677, 824
Morte 694, 695, 696, 698, 699, 702, 703, 824
Morto 699
- almas dos 698, 702
Multiplicatio 633
Mundo 814
- antigo 622, 629, 757
- concepção de 610, 617, 623
- imagem do 778
Mutação 823

Nadir (v. Zênite)
Natureza 615, 667, 673, 743
Nave espacial 699, 703, 796
Navio 702
Nazismo 818
Néctar e Ambrósia 801
Netuno (v. planetas)
Neurose, neurótico 646, 653, 659, 680, 727
Nigredo 811, 814
Niilismo 661
Nilo 629

Noite, noturno 683, 684, 736, 764, 814

Nome 809

Números, simbolismo dos 687, 689, 692, 743, 776, 777, 779, 780
- 1 (cf. tb. unidade) 692
- 2 (cf. tb. dyas) 771
- 3 (cf. tb. divisão em três; trindade) 738, 751, 755, 761, 765, 775
- 4 (cf. tb. quaternidade) 692, 738, 740, 741, 742, 743, 745, 750, 751, 752, 755, 761, 762, 774, 775, 805
- 5 (cf. tb. quincunce) 775, 776
- 6 771
- 7 674, 766
- 8 (cf. tb. ogdóade) 683, 692, 693, 740
- 10 692
- 11 692
- 12 699
- 24 766, 821
- 30 766

Numinoso 646, 647, 649, 650, 660, 713, 714, 720, 728, 731, 733, 743, 784

Núpcias, nupcial 698, 751, 762, 790, 801

Nuremberg 760, quadro 6

Nuvem 811, 812, 813, 814, 816, 817, 818, 819

Oculi piscium (v. peixe)

Ocultismo (cf. tb. parapsicologia) 623

Ogdóade 692

Olho 627, 639, 643, 670, 729, 737, 740, 743, 765, 768, 769, 807, 822, 823

- de Deus 639, 645, 672, 729, 766, 807, 808
- de Hórus (v. Hórus)

Oloron, chuva de fios de 668

Opus divinum 633

Oráculo de Delfos 672

Orfeu 809

Opostos, união, unificação dos (cf. tb. *complexio oppositorum*; *coniunctio oppositorum*) 622, 674, 698, 706, 708, 727, 734, 762, 771, 772, 773, 774, 776, 779, 784, 789, 790, 805, 806

Osíris 645

Ovnis 589-824, Prefácio à 1ª ed. inglesa, quadro 1

Paixão 745

Palas Atená 731

Panaceia 629, 727

Panis supersubstantialis 651

Paranoia 672, 727

Parapsicologia (cf. tb. espiritismo) 634, 636, 656, 667, 780, 788

Partenogênese 823

Participation Mystique 824

Patologia, patológico 714, 727

Paz 666, 674

Pecado 676

Pedra
- da alquimia 629
- dos filósofos (v. *lapis*)

Peixe (cf. tb. Cristo) 713, 807, 808
- olho de 766, 807, 808
- mês mundial 589

Pênis 637[3]

Pêntade 775

Peregrino 764, quadro 7

Pesadelo 701[24], 819

Piloto 648

Pintura 724-756
Pisces (v. peixe)
Planetas 603, 610, 611, 667, 698, 728, 796
- habitantes de outros 600, 611, 614, 813, 823
- Júpiter 683, 689, 695, 811
- Marte (habitantes de) 599, 611, 614, 667[12]
- Netuno 748
- Saturno 811
- Terra v. Terra
- Urano 748
- Vênus 611
Pneuma 629, 630, 767
Poder (instinto de) 637, 649, 653, 654, 655, 658, 659, 660, 678
Política 610, 660, 718, 724, 784, 813
Politeísmo 783
Pomba 679
Pontos cardeais 775
Porto Rico 605
Possuído, possessão 721
Postulado (v. Cristo)
Prece 650, 666, 671, 673, 679
Pré-cognição 636
Pré-história 619, 678
Primitivo, o 625, 762, 772, 783
- religião do 772
Privatio boni 640, 677
Projeção 607, 608, 609, 610, 614, 616, 622, 624, 634, 635, 643, 649, 693, 696, 706, 714, 764, 783, 789, 814
Propaganda 610
Psicanálise (cf. tb. Escola Freudiana) 631, 637, 658, 659
Psicocinesia 780
Psicofísico 658
Psicologema 716

Psicologia, psicológico 599, 608, 617, 619, 622, 623, 631, 632, 634, 643, 644, 647, 652, 655, 658, 659, 676, 691, 693, 695, 710, 727, 731, 743, 744, 751, 753, 754, 755, 774, 779, 780, 781, 783, 802, 803, 804, 807, 809, 814, 818, Prefácio à 1ª ed. inglesa
- do inconsciente 634, 658, 742, 756, 771
- individual 658
- profunda 619
Psicopatologia 617
Psicose 814
Psicoterapia 661
Psique (cf. tb. alma) 635, 636, 644, 646, 656, 658, 659, 667, 671, 779, 813
- coletiva 589
Psiquiatria, psiquiatra 642
Psíquico 589, 607, 608, 609, 623[14], 625, 634, 635, 637, 644, 648, 654, 659, 667, 669, 671, 701, 731, 732, 743, 755, 776, 780, 782, 783, 784, 785, 787, 805, 814, 817, 818, 819
- conteúdos 776, 779, 785
- conflitos 805
-- psíquico-físico 592, 593, 594, 625, 651, 776, 777, 780, 783, 788
- processos 589, 617, 678, 795

Quadrado, quadrângulo, quadratura do círculo 765, 766, 767, 768
Quaternidade 692, 738, 740, 750, 755, 761, 762, 763, 767
Quatérnio

Um mito moderno sobre coisas vistas no céu

- nupcial 762
Quincunce 737, 748, 749, 752, 755, 774
Quinta essentia 628, 633, 738, 741

Racionalismo 623, 631, 648, 653
Radar 591, 604, 618, 630, 782, 786
Razão 642
Refrigerium 745
Regressão 679
Rei 728
Religião, religioso 610, 629, 640, 642, 652, 653, 659, 679, 779, 784, 806
Religio medici 727
Repressão 610, 631, 646, 649, 655, 658, 680
Revelação (cf. tb. Bíblia) 650, 651, 652
Rito, ritual 656
Roma 783
Rorschach, teste de 748, 753, 770
Ros Gideonis 629
Rosa-cruz 764
Rotundum (cf. tb. forma redonda) 621, 622, 765, 766
Rupertsberger Codex (v. Hildegard von Bingen)
Rússia, russos 599, 608, 611, 615, 790, 822

Saara 603
Salamandra 745
Salvador, Redentor 629, 674, 679, 751, 766
Salvação, redenção 629, 800
Sangue 629
- chuva de 608
- pacto de 700

Santo, santidade 650, 680
Saturno (v. planetas)
Scivias (v. Hildegard von Bingen)
Semente 766, 769[5]
Sentidos, sensorial 651
Sentimento 626, 646, 657, 806, 824
Ser 733, 776, 780
Serafim 738
Serpente, cobra 619, 679, 727
Servator mundi 629
Servus rubeus 790
Seti 645
Sexo, sexual (cf. tb. coabitação) 637, 649, 652, 653, 655
Sexualidade, sexual 618[7], 631, 637, 638, 652, 653, 654, 655, 659, 660, 662, 663, 686, 751, 772
Sibéria 822
Símbolo, simbologia, simbólico 619, 621, 622, 624, 625, 634, 637, 638, 646, 652, 653, 662, 663, 664, 679, 690, 692, 693, 698, 699, 700, 701, 706, 711, 728, 730, 731, 734, 738, 764, 767, 771, 775, 779, 790, 805, 806, 807, 809, 814, 815, 820, 824
Simbologia histórica 646, 738, 771, 774
Simetria-assimetria 742
Simpático-para-simpático 671
Si-mesmo 621, 633, 634, 640, 644, 660, 671, 693, 694, 695, 721, 738, 751, 779, 798, 805
Sincronicidade, sincronístico 593, 682, 780, 789
Sistema nervoso cerebrospinal 671
Social 610, 653, 660, 685, 719, 721, 784

Sociedade (cf. tb. social) 652, 660, 701, 824
Sol 683, 684, 689, 690, 698, 699, 730, 758, 759, 760, 762, 763, 766, 797, 807, 808, 811, 817, 823, 824
- *invictus* 808
- roda do 619
Solutio 628
Sombra 640, 653, 693, 714[28], 775
Sonho 618, 619, 620, 621, 626-723, 730, 770, 804
- interpretação de 618, 620, 621, 628, 629, 664-675, 684-699, 705-709, 713-717
- isolado 619, 627, 666, 671, 683, 697, 704, 712
- símbolo, simbologia do 671, 679, 696, 780
Sono 821
Sótão 672
Strudel (cf. tb. mago) 700
Subterrâneo 727
Suécia 599, 601
Superego 659
Superstição 671

Tabu 652
Tao 779
Tecnologia 624, 667
Telepatia 636
Tempo e espaço 667, 780
Teologia 676
Teriomorfismo 679
Terra, terrestre
- ctônica 727, 767
- e céu 670, 673, 733
- (como planeta) 600, 611, 615, 683, 690, 695, 792, 793, 797, 811, 812, 813, 815, 823

- (como mundo) 622
- satélite da 615
Teste (cf. tb. Rorschach) 754
Tetraktys 805
Tetrapeza 751
Tifereth 779
Timeu v. Platão
Tirania 818
Totalidade 619, 621, 622, 634, 635, 639, 640, 644, 652, 653, 655, 656, 657, 659, 661, 671, 679, 692, 693, 695, 698, 722, 725, 727, 734, 738, 741, 751, 767, 771, 775, 779, 784, 803, 806, 814
Tradição 651
Transcendência, transcendental 644, 779
Transferência 762
Transformação 630, 674, 684, 720
Tríade 775
Tricéfalo 741
Trindade 738, 741, 765
-- Santíssima 643, 751
Troposfera 589

Ufo (cf. tb. Ovni) 589
Unigenitus 751
Universo 672, 745, 764
Uno, unidade o, a, 622, 727, 751, 772, 779, 784
Unus mundus, ideia do 780
Urano v. planetas
Útero 631, 637

Vênus (v. Planetas)
Vida 818
- fonte de 742
Vinum ardens 629, 741

Visão, aparição 593, 597, 598,
608, 618, 622, 624, 642, 643,
649, 650, 651, 663, 669, 678,
699, 730, 731, 738, 766, 770,
792-801
- coletiva 597, 616
Wotan 701

Yang e Yin 772
Yantra 803
Yin (v. Yang)

Zaratustra (v. Nietzsche)
Zênite e Nadir 771
Zepelim 618[7]

Conecte-se conosco:

 facebook.com/editoravozes

 @editoravozes

 @editora_vozes

 youtube.com/editoravozes

 +55 24 99267-9864

www.vozes.com.br

Conheça nossas lojas:

www.livrariavozes.com.br

Belo Horizonte – Brasília – Campinas – Cuiabá – Curitiba
Fortaleza – Juiz de Fora – Petrópolis – Recife – São Paulo

  Vozes de Bolso

EDITORA VOZES LTDA.
Rua Frei Luís, 100 – Centro – Cep 25689-900 – Petrópolis, RJ
Tel.: (24) 2233-9000 – E-mail: vendas@vozes.com.br